命理生活新智慧・叢書 92

看人智慧王

金星出版社 http://www.venusco.com.tw
E-mail: venusco@pchome.com.tw
法 雲 居 士 http://www.fayin.tw
E-mail: fatevenus@yahoo.com.tw

法雲居士⊙著

金星出版

國家圖書館出版品預行編目資料

看人智慧王／法雲居士著，
--臺北市：金星出版：
紅螞蟻總經銷，
2011年3月 初版；面；公分—
（命理生活新智慧 叢書；92）

ISBN 978-986-6441-30-1　（平裝）

1.面相 2.紫微斗數

293.21　　99022243

看人智慧王

作　　者：法雲居士
發 行 人：袁光明
社　　長：袁靜石
編　　輯：王璟琪
總 經 理：袁玉成
出 版 者：金星出版社
社　地址：台北市南京東路3段201號3樓
電　電話：886-2--25630620●886-2-2362-6655
傳　FAX：886-2365-2425
郵政劃撥
總 經 銷：紅螞蟻圖書有限公司
地　　址：台北市內湖區舊宗路二段121巷28・32號4樓
電　　話：(02)27953656(代表號)
網　　址：www.venusco.com.tw
金星出版社.com
E-mail　：venusco@pchome.com.tw
venus@venusco.com.tw
法雲居士網址：http://www.fayin.tw
E-mail　：fatevenus@yahoo.com.tw

版　　次：2011年3月 初版
登 記 證：行政院新聞局局版北市業字第653號
法律顧問：郭啟疆律師
定　　價：450 元

行政院新聞局局版北字業字第 653 號
(本書遇有缺頁、破損倒裝請寄回更換)

ISBN : 978-986-6441-30-1 （平裝）

投稿者請自留底稿
本社恕不退稿

（因掛號郵資漲價，凡郵購五冊以上，九折優惠。本社負擔掛號寄書郵資。單冊及二、三、四冊郵購，恕無折扣，敬請諒察！）

命理生活叢書92

看人智慧王

目錄

看人智慧王

看人智慧王

前言

近來因家中子弟及一些年輕的讀友紛紛來詢問『如何看人』的問題，因此動念寫這本書。原本此書想取名做『紫微看人術』的，但是又怕太狹隘在紫微命理的一隅，因此把它列入『智慧王』系列叢書之中。

這本書跟一般的命理書不同，也是它的特色之一。這本書是逆向討論的。因為有考慮到一般年輕讀者可能並沒有對紫微命理那麼熟！故而用反方向的思考模式，及分析模式來寫這本書。

例如說：額頭髮際為方框型的人，多半為善於政治鬥爭，凡事有政治理念及有政治手腕的人。在這樣的老闆手下工作，你本人就需要有多種功能性，及人際關係要好。更要會看臉色及見風轉舵，及明哲保身。否則，他會用你周圍同事的力量把你排擠走。也會用借刀殺人的方式對你剝削。你雖然知道這是老闆默許的，但又完全和老闆無關的狀態，使你不會恨到他。因為這類的老闆或同事多半是廉貞坐命的人，較愛暗地裡鬥爭及做關係、暗地裡發展諜報組織，他會排除異己，不同國的人、不聽他擺佈的人，會立即消除，因此要多小心！

又例如說：臉上有痘疤很深，如橘皮的人，或麻臉的人，都較陰險狠毒，要小心他們。臉上痘疤尤新、紅蝦蝦一大片的人，其人性急暴躁，也會狠毒，少惹為妙。他們會像不定時炸彈一樣，不知那時會爆發衝突，而一發不可收拾。

又例如說：男女眉毛黑而有型，形狀秀麗者，兄弟宮較好，與其交往，能有兄弟手足般的感情。如果眉黑粗、毛順者，代表對平輩或部屬有領導力。如果像蠟筆小新的眉毛、八字眉或分叉、有些雜亂的眉毛，表示愚笨、粗俗、做事粗糙，沒有內涵又會不受尊敬的人。如果眉毛稀疏、又不整齊，沒有兄弟緣，即使和姐妹也會不和。如果眉毛稀少，幾乎於無，像太監、公公一樣，其人會多陰險，也會性能力不足，以及有無精蟲、無生育能力等狀況。他本人也會少和人來往，朋友不多。凡是眉毛雜亂的人，多做事無章法，脾氣不好，頑固愚笨，但不易聽他人勸。你是難以說服他改善的。

『看人智慧王』是一本從一般讀書的角度來以一般人眼睛所目及的看人方法來寫的一本書，完全不講命理學的艱深大道理了，我想這會更接近一般大眾的讀者，而真正達成為幫助年輕讀者剛踏入社會職場工作，對一切懵懂的狀況而有所助益。這就是

看人智慧王

我寫這本書的目的了。當然，也更希望舊雨新知的紫微命理讀友們一同不吝賜教的來一起參與紫微命理的研討，使紫微命理的發展更蓬勃一些。

第一章　『看人術』在看什麼？

這本『看人智慧王』原本是為了新入職場的新新人類所寫的一本簡單的藉由人外貌來分析在處於工作上或處境上有對等、對立狀態時，用以判斷對手的『看人術』。但一般人也可藉由此書得到你自己所需要利用的資訊。

『看人術』自古以來就是一門大學問。而且是人人必備的大學問。雖然說：凡是長眼睛的，就會看。但是看得準不準？有沒有真正看到人與事物的內裡真實涵義，及衍生出的問題或效果，這就是見仁見智的真實本領了。要不然怎麼說這世界上仍有許多白目(看不懂狀況)的人呢？又為什麼會出現一些雞同鴨講的人呢？

『看人術』是當我們與近旁人有利害關係時，非常必需的一種技術。例如：你要去跟對老闆或上司，必須先要知道這個老闆、上司本身是否有前途？是否待人貼心、不小氣，懂得待人處世，值得為他打拼！如果是慳吝、小氣、自私，對自己好大喜功，對別人挑剔、刻薄，那你在他手下工作，是沒有前途可言的。最近台灣和世界各地一連串的選舉，很多跟隨政治人物工作的人，都會有此同感吧！不過，此書的好處就是讓你在讀過此書之後，在對你的仰慕者、上司，看第一眼時，就能發揮功效，看出此人長長遠遠的前途、處世手法、對人態度、價值觀、自我期許的成就高度、執行力與達成成果的預期價值。讓你早早的就能判斷是否跟對人了？不會在浪費很多年之後，再來後悔遇人不淑的問題！

其實，找老闆、上司，就和找老婆一樣是沒什麼不同的！同樣都需要放下忠誠度與要預測未來景氣如何？彷佛在尋找一個安全港灣停泊一樣。這個港灣如果水深夠深，能夠停泊大型船隻，又安全無虞的話，就是一個好港灣。如果水淺又常遭颱風侵襲，或汙泥充填，或天然環境不佳，就會漸漸走下坡，終於廢港。我們常可看到那些離婚多次的人，及常常在換工作的人都屬於此種找不對港灣的人。這是不是需要很好的『看人術』才能幫你解決問題呢？

反過來說，上位者、老闆、上司也須會懂得『看人術』，才能由第一印象中立即找到你的千里馬。而減少彼此在工作上的感情磨合期與減輕訓練部屬工作實務的磨練期。懂得『看人術』，也才能真正找到在事業上能真正對你有助益的幫手。否則，養一堆米蟲，遲早會拖垮企業體而關門大吉的。現今的大老闆們都多少有一、兩個自己獨門的『看人術』。但仍要看部下的表現，再來印證是否看對人。如此，仍要靠長時間的觀察，有時是緩不濟急的。因此這本書，可為大老闆們的觀人重點提醒手冊，以便在有『看人』問題時，可拿出來參詳一下。

一般人懂得『看人術』後再交到的朋友，才會是真正能貼心待你的知心朋友。某些要靠人際關係來工作的朋友，如保險業、銀行金融業等，或做業務推廣的朋友們，『看人術』對你們的得力點最大。懂得『看人術』，就表示業績加分百倍、千倍，自然收入也百倍、千倍的增加了。那些 Top 級、鑽石級的營業員們，無不是靠超一流的『看人術』慧眼識英雄的探索出屬於自己最優質的顧客，而登上鑽石級寶座的。

因此，希望這本『看人智慧王』，不但能讓青澀的年輕新鮮人能因看人而成熟一點，同時也希望這些知識能為你帶來千萬富貴，或對你的人生有益。謹在此與諸位共勉之。

第二章 『看人』在於怎麼看？

一般人喜歡或習慣於把人分為『好人』及『壞人』兩種層次。

『好人』就是對你有利的人，會幫助你的人，看起來順眼，不會作怪的人，以及從廣泛的角度上來講缺點不太多的人，同時也是你覺得容易接近或理念及價值觀相同的。

『壞人』就是對你不利，和你有衝突、會戕害你的利益、侵害及偷盜你的權益的人。以及拒絕幫助你、又看起來不順眼，或是喜作怪的人，以及從廣泛的角度上來講缺點很多，是你鬥不過他的人，同時也是思想觀念不一樣、容易對立、相剋，走不到一塊去的人。因此很明顯的，所謂的『好人』就是與你磁場相合的人。所謂的『壞人』就是與你磁場不合的人。

但是某些人也常會在『好人』、『壞人』之間的分際搞不清楚。有時候也會因時間流動的關係或利益均衡的關係而改變。例如某些人會長時間的對某人看不順眼，可是過了幾年，又成為好朋友。這就改變了好人與壞人的分際了。又例如某些人因利益分配不均反目成仇，後又因利益相結合，而又認為原本的敵人（壞人），又變成盟友（好人）了。這種現象以在政治上最常見。我們的立法院就常上演這種戲碼，十分好笑。

從命格的體系來講，我認為『人』只分為兩種。一種是在『命、財、官』及『夫、遷、福』包含著『紫微、廉貞、武曲、殺、破、狼』的這些命格的人。另一種是在『命、財、官』及

『夫、遷、福』為『機、月、同、梁、日、巨』的這些命格的人。

簡而言之，就是『殺、破、狼』的人(這其中包括『紫、廉、武』的人)和『機月同梁』格的人兩大類。

『命、財、官、夫、遷、福』有紫微、廉貞、武曲、七殺、破軍、貪狼的人，是理念與速度感相似的人

當人的『命、財、官』及『夫、遷、福』等宮位有紫微、廉貞、武曲，甚至是有七殺、破軍、貪狼時，實際上這些星曜全是在一個具有等邊三角形的三合宮位之上。這些人會具有某些特殊的性格上的特質，例如：在性格上具有決斷的特質，做事乾脆、積極、善於打拚、為人剛直、果決，喜歡掌權、管事，不喜被人管，心態

強硬，不溫柔，討厭拖拖拉拉、猶豫不明，和黏黏膩膩的溫情主義的表現方式，會以實際行動表現自己的喜好或厭惡之情。對別人好，就會以實質的利益來幫助別人。對討厭的人，也會立場鮮明的表示對立的立場。這些人多半以錢財、事業和爭奪的對象為重，一生追求的也是這些事情。在處事的態度上和感情領域中，他們是自有主見不容別人干涉、快速快決、愛恨分明的。

當你的命宮、財帛宮、官祿宮、夫妻宮、遷移宮、福德宮有上述這些星曜時，其實你的生活環境範圍也就在這些星曜之中了。你結交的朋友看得順眼的人，也大多是具有這些星曜命格的人。你會在心態上，感情模式上，處事態度上、積極打拚能力上、思路上和這些人不謀而合。所以你要找的同好中人、事業夥伴、親密愛人、朋友，也都是屬於這一組三合宮位相類似的人。

『命、財、官』、『夫、遷、福』有天機、太陰、天同、天梁、太陽、巨門的人

當人的『命、財、官』及『夫、遷、福』等宮，有天機、太陰、天同、天梁、太陽、巨門等星曜時，基本上這就是『機月同梁』格的架構。而這些星曜也都是會在三合及四方宮位中出現。這些星也會影響人有一些特殊的特質，那就是：為人溫和、行動柔和、緩慢、性子慢、不積極，容易接受管理，有時候也會性子急。特別聰明、善於用腦多想，但思想與行動較不一致。容易做事拖拖拉拉、比較重感情，常是重情不重理的人，容易在感情問題中打轉、猶豫不決。也會牽扯很多。這些人多半是以感情厚薄和家庭、朋友之間的關係為重的，一生所追求的較是感情上的平衡。

因此這些人的環境吸引力中閃耀的就是感情的拉扯，和愛恨糾

纏的問題。和這些人在感情上相合的人，也多半是同類型命格的人。

以上是就命格體系上來看精神上與性格特質、先天理念、價值觀不同所產生的磁場不同的狀況。

除了命宮，其他的十一個宮位都是『生命環境』

事實上『生命的環境』，就是生命的資源。也就是圍繞在生命四周讓生命賴以維生的條件。因此在紫微命理學上認為圍繞在命宮周圍的其他十一個宮位，如兄弟宮、夫妻宮、子女宮、財帛宮、疾厄宮、遷移宮、僕役宮、官祿宮、田宅宮、福德宮、父母宮也都具有對命宮的環境吸力的效應。所以這十二宮圍繞起來就是一個完整的

『生命磁場環境』了。

在前面提到當把命格體系分為強勢的（指『命、財、官、夫、遷、福』為紫微、武曲、廉貞、殺、破、狼等命格）**和溫和的**（指『命、財、官、夫、遷、福』為機、月、同、梁、日、巨等命格和體系）**時**。你就會發現，前者比較會掌控生命的環境和資源。而後者掌控生命環境和資源力量較弱。**原因是：**前者的命格體系中，紫微（屬於官星）、武曲（財星）、廉貞（官星），都會在『命、財、官、夫、遷、福』出現，形成良好的三合位置。再有殺、破、狼介入時，更增加意志力和行動力。因此是由其人自己強力來掌控及主導自己周邊的事物。後者（溫和派）的命格體系中，紫微、武曲、廉貞，甚至於殺、破、狼，這些星都在『父、子、僕、兄、疾、田』這些閒宮之中，而在『命、財、官、夫、遷、福』都是一些機、月、同、梁、巨、日等屬於溫和的星曜，因此對掌控生命的環境和資源是力量較弱的。

※官星：就是事業之星、掌權之星。

第三章　如何用感應相合、相吸引來找貴人

從許許多多的命格中，其實我們不難發現，有許多命格會有互相吸引的。

1 命格或命盤格式相同的相吸引會感應相合

例如說：有一些夫妻，會有相同的命格。有一些夫妻或家人中，**就是相同的命盤格式，或是剛好相反的命盤格式**。例如有一家人五口之中，有幾個人是『紫微在巳』命盤格式的人，另幾個是

『紫微在亥』命盤格式的人。五人之中有些命盤是一樣的，甚至連命格也相同，有些則是顛倒過來的命盤格式。

又例如某一對夫妻兩人的命、遷二宮是互換的。妻子是武曲坐命在戌宮的人。而先生是貪狼坐命在辰宮的人。所以說『命、遷二宮相吸』這個原理是一直存在的。

現在我要來談談另一種的『相吸力感應相合』的效應了。那就是：

2 太陽和太陰的相吸會感應相合

命格是太陽的人，很容易被命格是太陰的人所吸引的，會極度的感應相合。而命格是太陰的人，也容易被命格是太陽的人所吸引。這尤其在夫妻關係和朋友關係上最為常見。

其實在『命、財、官』，『夫、遷、福』中有太陽、太陰的人，都是會有相互吸引現象的人。但吸引力的程度略有不同而已。吸引力最大的，就是『命、遷、夫』等宮有此二星的吸引力為磁場效應最顯著了。

太陽是寬宏、無私、熱辣辣的金色陽光揮灑於大地。太陰是月亮，溫柔婉約，靠太陽反射的光輝而明亮。太陽是白日，太陰是夜，日夜相循環，就像太極圖所顯示的陰陽調合，環擁地球。因此這等的磁場的力量，就是自然的力量。一家人中，或朋友中，有這種自然相合的力量，真是誰也別想分開他們的了。

3 破軍和天相的相吸感應相合

命格是破軍的人，和命格是天相的人，（無論是紫破、廉破、武破或紫相、廉相、武相坐命者皆是），也有極強的磁場相吸引的力量，命格是破軍的人，喜歡打拚，衝力十足，喜歡改革、破壞，愛花錢，守不住財。但如果遇到天相坐命的人，那就好命了。一個凡事不在乎，邋里邋遢，一個跟在後面，幫忙收拾殘局，幹擦屁股的事。一個愛花錢，揮霍無度，一個喜理財，穩重守份，可以存了錢，再供應破軍坐命者來花用，破軍坐命的人，只管拚命、改革。重建、復建的事留給天相坐命的人來做。所以這兩個命格的人，是最相配的人。也是彼此看得順眼的人。你會問天相坐命的人為什麼那麼傻呀？其實他一點也不傻，他也是很贊同破軍坐命者的破耗花費的，所以能甘之如飴的負責處理善後。

4 天府和七殺的相吸感應相合

命格是天府坐命的人，和命格是七殺坐命的人，（包括紫府、武府、廉府和紫殺、武殺、廉殺等命格），基本上有相同的人生價值觀，和喜歡埋頭苦幹，注重公平和計較的性格。他們同屬於一種性格穩定、性子慢，對工作認真，錢財算得清楚，拚一分勞力要賺一分錢財的人。也是多一份事、和划不來、不合算的事不會做的人。因為彼此相知相惜，因此磁場相合。他們相合在有共同的理念和共同的價值觀，因此這兩個命格的人，要找相合的朋友、作夫妻、談戀愛、甚至做家人、合夥人、事業夥伴都是最佳之選。

天府坐命的人，如果找到破軍坐命的人，則容易有爭吵不合的現象。很可惜的是，天府坐命者的夫妻宮是破軍，也容易找到破軍坐命的人做配偶，因此他們總是因價值觀不一樣而爭吵分手。

七殺坐命的人，找到天相坐命的人，做夫妻或朋友、家人、事業夥伴則無大礙，仍可平順相處，但不是很甘心。因為雖然七殺坐命者的夫妻宮都有一顆天相星。七殺是強勢命格，天相是溫和、理智的命格。夫妻宮又代表內心的情感模式或想法，七殺坐命者的夫妻宮是天相，表示七殺坐命者內心是明理、穩重、理智，善理財、溫和、愛享福，不喜爭吵的，喜歡享受福氣的，故和天相坐命者也能相合以待。但七殺坐命者較勢力眼，仍是喜歡能讓他得財多一點的天府坐命者，他較看得更順眼、更愛慕一些。

5 巨門能和天機、天同、太陽的相吸感應相合

命格是巨門坐命的人，能和天機坐命者、天同坐命者、太陽坐命者來相吸引。我們從原本命格中就有機巨坐命、同巨坐命、陽巨坐命這些複合式的命格就可看出巨門和天機、天同、太陽會有相合的現象。同時天機、天同、太陽這三種命格坐命者，也不畏懼巨門坐命者的口舌銳利，多是非、災禍，反而會覺得他們很聰明、有趣。並認為對方會有是非、災禍是運氣不好，很少會怨懟，反而會為巨門坐命者來開脫。這種磁場相合非常有意思。你若是這幾種命格的人，也可以相互找到，做伴侶、事業夥伴，會相互相合相吸引感應相合的。

6 殺、破、狼的相吸感應相合

命格是七殺、破軍、貪狼的人，實際上這三種命格會在三合宮位上，分別在『命、財、官』三合相照，自然是磁場形成等距的磁力，因此相合的力量也大。彼此看得順眼，相互欣賞。再加上殺、破、狼都是有變化、衝突、打拚的奮發力同屬強勢的力量，在性格強悍、不懦弱、不拖拖拉拉、乾脆、堅決、主觀、不會猶豫方面，有旗鼓相當之勢，故而找配偶、情人、事業夥伴就會特別相合。若你自己是殺、破、狼坐命的人，也會特別喜歡殺、破、狼命格的人。

第四章　如何以喜忌沖合來找貴人

在人生中，每個人都要知道自己的喜用神，就能尋找到屬於自己最吉利的方位、方向、吉顏色，和磁場相同的人了。也利於求財，增旺運，和增高事業運，取一個吉祥有利於自己的名字，也需要用到喜用神。

在這裡我們談用喜忌沖合來找尋性情相合的貴人，可從幾方面來談。

看人智慧王

1 用喜用宜忌相合、或相同來找相合的貴人

通常人都是以自己做本位的。因此我們首先要找出自己的喜用神是什麼，再來看對方的喜用神是什麼？或是對方的日主是什麼？再來比對，合與不合。

喜用神是用生辰八字來演算，找出能『中和』、『治療』命格的五行元素，稱之為喜用神。喜用神也是八字中所缺的五行元素。例如八字缺木，需要木，則木就是其人的喜用神。八字缺水，急需水。水就是其人的喜用神。倘若此人的八字須水，而喜用神是水。而對方這個人，剛好日主是壬水或癸水，那些人就和你有相合了。

倘若你的喜用神須要水，而對方的喜用神也須要水，你們會喜歡在相同清幽的環境生活或工作，會有一部份相合，或一部份不

合，但會有部份環境相合，也不錯了。

最怕是你的喜用神是水，而對方日主是相剋你的土（尤其是戊土相剋最凶），而他的喜用神是火，那你們一定非常不合，時而爭執糾紛了。而他處處剋你，不與你合作，真是相見還是不見為好了。

2 用喜用神方向和方位，來找感應相合的貴人

用自己喜用神的方向和方位來找感應相合的人。你可以你自己住家的方向、方位，和工作、辦公室的方位來作一個判斷。或是以其他的環境場所，包括你長時間會待在那裡的地方，例如學校、補習班、運動的地方等等所有的事和地點，皆可用以來找磁場相合的人。或是短時期出外旅行，也可來預測順利或吉凶，以及會不會碰

到感應相合，能相輔相助的同伴等事情。

以前我就曾舉過自己女兒考學校的例子。現在再談一下。我的女兒在高中時考上北區的一所高中，但她的喜用神是乙木，她的日主是丁火。高中三年非常辛苦不順利，班上又多欺負她的不良少女。我看著內心著急，也沒辦法。只有不停的鼓勵她，要她考上一所好的大學，遠離是非之地。幸虧辛苦三年，終於考上理想大學，而且是台北市的東邊的名校。進了大學，完全運勢改觀了，每天快樂的上學，也交了不少好朋友，因為『東』的方位是吉方、財方，也是合於喜用神方位，而北方是忌方之故。

交朋友、尋找配偶、找情人，以及事業打拚、工作的難易度，和同事、上司的相處，以及是否賺得到錢，做事會不會成功，全都要以喜用神的磁場方位來定奪，才會準確。若是堅持不信邪，就只有在大海中茫然失去依據而痛苦了！

3 用顏色或物品來找感應相合的貴人

用自己喜用神代表的顏色，或所代表的物品來找磁場相合的人。例如你是喜用神需水的人，你所適合待的地方，就是建築物或周圍裝璜為白色系列的場合。玻璃帷幕的大樓和鏡子多的所在也很適合。倘若和你待在同一空間場所的人，身穿白色或水色、黑色、銀色、灰色衣物的人，就會和你磁場相合。穿紅色或綠色衣物的人，和你磁場不合。

你也可以觀察一下，到一個新的地方去，倘若室內有佈置代表金水格局的裝璜佈置，例如有人工瀑布、掛瀑布的畫，或養有魚缸、魚池，在這裡遇到的人，都會磁場與你相合。你的運氣會好一點。倘若你是喜用神需火的人，到了這種表象屬水多的地方，就會混身不舒服，在此地所遇見的人，也會感應不合，談不成事情或見不到人，或做事沒有結果。

倘若喜用神需水的人，同樣遇到穿大紅色衣裝、紅色裝扮，或到以大紅色為主調的空間場所去，也是十分不吉，無法有運氣，而萬事做不成的。即使勉強做，仍是會有不順或衝突的。因此顏色和周圍的物品都會顯示和你的磁場是否相合。

喜用神所代表的方位、顏色、形狀

◆**喜用神是甲木**，代表東方。顏色是綠色。形狀是高高、直直、瘦長型的物品和建築物、棍狀物。代表國家是中國、日本、韓國等。

◆**喜用神是乙木**，代表東方。顏色是綠色、淺綠色、黃綠色。形狀是高直、度長略矮的建築物，略短的棍狀物型。代表國家是中國、日本、韓國。

◆**喜用神是丙火**，代表是南方。顏色是大紅色。形狀是三角形、山形的物品和建築物。代表國家是越南、新加坡、泰國、馬來西亞等。

◆**喜用神是丁火**，代表是南方。顏色是粉紅色、小塊的紅色。形狀是小的三角形、小的山形的物品和建築物。代表國家是越南、新加坡、泰國、馬來西亞等。

◆**喜用神是戊土**，代表是中部地區。顏色是土黃色、咖啡色。形狀是平的、粗大的、梯形的建築物或物品。代表國家是台灣中部地區，或大陸中部省份。

◆**喜用神是己土**，代表是中部地區。顏色是淺土黃色、淺咖啡色。形狀是平的，小土丘，或矮形的梯形建築物或物品。代表國家是台灣中部地區或中國大陸中部省份。

◆**喜用神是庚金**，代表是西方。顏色是白色、銀色、金色。形狀是圓形建築，或外表是玻璃、金屬類的建築、物品。代表國家是美國、歐洲各國。

看人智慧王

◆**喜用神是辛金**，代表是西方。顏色是白色、灰色、銀色。形狀是略矮的圓形建築，或外表閃亮的建築或物品。代表國家是美國、歐洲各國。

◆**喜用神是壬水**，代表是北方。顏色是黑色。形狀是波浪型的建築和物品。代表國家是北方的蘇俄、北歐挪威、瑞典、冰島、阿拉斯加等國。

◆**喜用神是癸水**，代表是北方。顏色是黑色。形狀是小的波浪型建築和物品。代表國家是北方的蘇俄和北歐挪威、瑞典、冰島等國。

看人智慧王

納音五行姓名學

法雲居士⊙著

一般坊間的姓名學書籍多為筆劃數取名法，這是由國外和日本傳過來的，與中國命理沒有淵源！也無法達到幫助人改善命運的實質效果。

凡是有名的命理師為人取名字，都會有自己一套獨特方法，就是--納音五行取名法。

納音五行取名法包括了聲韻學、文字原理、字義、聲音的五行來配合其人的命理結構，並用財、官、印的實效能力注入在名字之中，從而使人發奮、圓通而有所成就。納音五行的運用，並可幫助你買股票、期貨及參加投資順利。

現今已是世界村的時代，很多人在小孩一出世時，便為子女取了中文名字、英文名字及日文名字，因此，法雲老師在這本書將這些取名法都包括在此書中，以順應現代人的需要。

第五章　如何由『命、遷』二宮來看人

在我的命理班中，有一位同學說，她覺得家中三姐妹中，她的姐姐最笨了，所交的朋友也和她一樣笨，只要有一份穩定的工作，便不思上進，一夥人常相約出去玩，簡直是醉生夢死型的人，別人拿她一點辦法沒有，而她只要過這樣的日子就心滿意足了。

當她把命盤展開給我們看時，發現她的姐姐是太陰坐命酉宮居旺的人，命格不錯，其遷移是天同居平，這不禁讓人莞爾一笑。**因為遷移宮是天同福星的人**，在其周遭就是溫和、平靜的環境。而周遭會出現的人，包括親人、朋友、上司、屬下及一切的人（包括認識或不認識的人），都會是溫和對待她的人。而天同是居平的，福星本來發奮力就不足，居平時很忙碌，是為玩而忙碌。福星居平時，聰明度也就不足了，也不想用太多頭腦，自然會為了愛玩而沒有學習、上進的意志力了。

所以我告訴她說：妳姐姐周圍的朋友都是溫和、聽她的話、沒有她聰明的人。因為太陰坐命的人，僕役宮都有一顆七殺星，表示要交到好朋友不容易，別人容易來劫她的財，剋害她。因此她自然會選擇比她笨、性格又較溫和，全聽她支使的人來做朋友了。愛玩是她自己愛玩，再慫恿朋友一起去玩。你認為這樣不好，是你命格和她不同，人生所追求東西不一樣所致。認真的說起來，其實也沒什麼不好的。妳和妹妹比較相合，一定是你二人命宮星曜會在

『命、財、官』、『夫、遷、福』中的兩組三合宮位中出現才會有的現象。

果然不出所料。此位同學是紫微坐命的人，妹妹是七殺坐命的人，七殺星正在紫微坐命者的夫妻宮。因此兩人的理念和磁場相合。都是較具有打拚，奮鬥意志的人。而姐姐的太陰坐命太溫和，和她的步調、思想不一致，所以她會覺得姐姐較笨。不過，各人享各人的福嘛！倒是無可厚非的。

以上的故事只是用來解釋遷移宮會影響周圍環境的案例。

由遷移宮可看出周圍環境的形態

當我們由命盤上的遷移宮來看時，很容易便可瞭解此人周圍環境形態，也可瞭解此人會聚集的人脈是些什麼樣的人，更會瞭解在此人四周出現什麼樣的人。以及此人一生的貧富狀況，家庭環境等等。

通常遷移宮的星曜所代表的就是此人的外在環境。環境會影響人的性格，也會塑造人的性格，人的性格又決定了你會待在什麼樣的環境之中。也就是說人的性格使你塑造了什麼樣的環境磁場，這種環境又限制或影響到你前進或後退、向外的發展。環境也影響到你會和那些人交朋友？環境會影響到你在什麼樣的社會階層中活動，環境更會影響到你賺錢、得財，以及未來成就的好壞，以及人的良善、惡毒、或遭災及趨福的形式。**例如遷移宮有擎羊星的人**，容易形成爭鬥多，週遭陰險的小人多，隨時會出緊急狀況來戕害你的磁場。也容易在外遇到車禍或金屬器的傷災。相對的，你也會下意識防禦人很嚴密，常對別人有懷疑之心，因為常在外覺得不是很舒服，故也會較懶得動，不喜外出，會有孤僻、保守的性格等等。

擎羊居廟

倘若遷移宮只有一顆擎羊星獨坐，要看星是居廟或居陷的。**擎羊在辰、戌、丑、未宮居廟時**，表示在你的磁場中容易聚集聰明狡黠，具有謀略和手段狠、性格強勢的人會在你的周圍，做你的朋友和家人。你四周的人比你凶，常對你不好。你周圍圍繞的磁場就是這麼一個讓你又愛又怕、又累的磁場，你不斷要用心機和這些人周旋，有時覺得非常累，但有時也會習慣成自然。即使把你放到沒有競爭、鬥爭，會溫和平靜的環境，你也會很自然而然的，還是很傷腦筋要想，要煩惱，好鬥心很強，看看周圍的人是否還是對你不利的。結果你還是防人很嚴密的，很保守的心態的。你在外由其要防車禍和傷災、惡人。

擎羊居陷

倘若當遷移宮的擎羊是陷落時，在子、午、卯、酉宮時會居陷，表示在你的磁場中最容易聚集陰險、狡詐、水準不高、惡毒、或因小事即會引發爭鬥、不吉，使你受傷很深的人所形成的磁場。你在這種磁場環境中是非常痛苦的，自小也容易遭到遺棄、走失或送人。長大後亦有傷災不斷，手足傷災，且多半在左半邊的身體，以及脊椎骨容易受傷。一生中要小心遭盜賊侵害、被人殺死及車禍致死的命運。這是先天性磁場容易受到刑剋聚合惡毒、災禍、小人於一堂。此人容易成為受氣包，也非常會閃躲人和事，但總脫不了是非爭鬥，是苦惱多，一生辛苦的人。家人對他不好，所交的朋友也會對他不好，委曲求全，心境較孤僻的過日子。其人也容易沒有太高的智慧，突破難關，生活層次是每下愈況、不高的。這種命格的人，即使生在富豪之家，也是境況較淒涼的。

同陰、擎羊

倘若擎羊和天同、太陰在子宮為遷移宮時，雖然擎羊也居陷，但因同陰在居旺、居廟之位，磁場的狀況又不同了。這表示在你的周圍環境中是一種溫和、保守、略有財，但也會對財有阻礙，財並不多的周遭環境。並且在你周遭出現的人，會是表面溫和，有情、體貼，但內心較陰險奸詐的人。也就是說這些人會是較虛偽，虛情假意，有一些密謀的人，會在你的環境中出現。並且你和你的朋友及家人都是很敏感的，你們在用一種表面祥和、親密，但私下較勁，有小爭鬥的方式在相處。在你的環境中的人都是這樣表面功夫好，但內心詭詐的人。不是這樣的人便很難進入你的環境，在你身邊待不久，會很快離去。

倘若擎羊、天同、太陰是在午宮為遷移宮時，因為三顆星都在居平、居陷的位置，狀況更差了。這表示在你的磁場是一種溫和無力，較窮，又爭鬥多的磁場，你容易出身於中、下階層的社會之中，你的家人和朋友都不富裕，且是多心機，對人冷淡，愛心不足的人，對你也不友善。你的心情也常不好，生活很辛苦，你會想得多，做得少，發奮力也不足。你周遭也是聚集著和你相同的人。你更容易在外有傷災、車禍的發生。

機巨、擎羊

倘若擎羊和天機、巨門，在卯、酉宮為遷移宮時，表示你周遭的磁場中，都是聚集著非常聰明，智慧高，有些陰險、口舌是非、爭鬥多的人。你和周遭人的關係常變化，時好時壞，壞的時候多，好的時候少。你也會常煩惱，心情不清靜，自己也容易自做聰明來引起是非，在思想事務時也會不周全，有瑕疵和過錯的。

※本來機巨在遷移宮時，代表你周圍的人會是智慧高，有高學歷，或具有學術及科技方面才能的人，但有擎羊同宮時，這些條件會打折扣，這些人只會陰險有餘，學歷與知識性方面的才華也不算很高了。

廉破、擎羊

倘若擎羊和廉貞、破軍在卯、酉宮為遷移宮時，表示在你周圍的環境中是一種低層次，破破爛爛，又爭鬥多的磁場環境。你周圍會出現的人，都是長相醜、大膽、行為不良、又陰險毒辣之人，你常生活在一種非常危險的環境中。你本身是膽小、怕事、懦弱的人。你是天相陷落坐命的人。你遷移宮中的擎羊，和命宮中的天相，形成『刑印』格局，故你是膽小、懦弱之人。你一生周圍環境所吸引的也就是這些陰險、沒德行的人，你也容易為他們的料理善後、擦屁股，小心翼翼，膽顫心驚的在過生活。

遷移宮的形態為『紫微、武曲、廉貞』三足鼎立的形態時

遷移宮的形態為『紫微、武曲、廉貞』這三顆星時，這三顆星最好要居旺、居廟，你的周圍環境就會份外吉祥、圓滿。所吸引來到你周圍的人，也都是對你有利及有用的人。

紫微是帝座，屬於官星（事業之星）。武曲是正財星。廉貞是企劃智謀之星，也是官星，管事業上之智謀、企劃的星曜。當你的遷移宮出現這三顆星之中的一顆時，就表示這三顆星會分別出現在你的『夫、遷、福』等宮位之中了。倘若這三顆星是單星出現在你的『夫、遷、福』三合宮位中，你就是殺、破、狼坐命的人。倘若這三顆星是雙星（例如紫貪、紫破、武貪、武破、廉相、廉府）出現在『夫、遷、福』等三合宮位之中，那你也可能是天相、天府或空

宮坐命的人，以及殺、破、狼坐命的人了。

大致上講起來，遷移宮中有紫微、武曲、廉貞這三顆星居旺、居廟時，你會形成良好的，奮發的，較為成功的磁場。在這個磁場中所吸引來的人也會較聰明，財富高，事業運好。

第六章　環境會招引人，用自己的環境來看人

第一節　紫微星為周圍環境時，你會如何看人

紫微單星為遷移宮時，你會如何看人

紫微單星為遷移宮時，會在子、午宮。表示你周圍的環境是高尚、美麗、富裕、受人尊敬的環境。你會出生在富裕家庭之中，以

遷移宮在午宮、紫微居廟的人，家庭環境最富裕。而紫微居平在子宮的人，家庭財力較普通。而一生中會出現在你周圍的人，和你的環境所會吸引來的人，也都是品格高尚，氣質好，規規矩矩，愛面子、重名聲，事業及地位高尚的人。因為你是貪狼坐命子、午宮人。貪狼本身是好運星，一生運氣都特別好，貪狼又是桃花星，你人緣一流，又擅於追求真、善、美的東西，所以與你環境相合的人才會進入你的環境之中。不合的人，是很難靠近你的身旁的，你會閃躲、逃走、離開。因此久而久之，在你的四周也都是地位高、氣質好，品行好的人了。這個環境就如此形成了。

紫微、擎羊為遷移宮時，你會如何看人

紫微、擎羊為遷移宮時，在你周圍的環境中表面上是高貴、美

麗，但有一些爭鬥和不愉快，令你不舒服的場面的。紫微、擎羊同宮，是『奴欺主』的格局，好像帝王被奸佞小人挾持一般。同時也是『刑官』的格局，因此在你的四周環境中所出現的人，會表面上很有氣質，但對人冷淡不真心，私下也會剋害你，因此在你的環境中最容易吸引此類人進入，使你常頭痛、很難對付。

紫微、祿存為遷移宮時，你會如何看人

紫微、祿存為遷移宮時，表示在你周圍的環境中，是一個表面高貴，氣質好，但卻十分保守，放不開的環境。也可說是『孤君』形態的環境。因為遷移宮被『羊陀所夾』的關係，你一直會小心翼翼，深怕受欺負。在你的環境中有一點錢財，但不多，也是一板一

眼，賺薪水族、公務員型的財，你很難開拓人際關係，你的環境範圍狹窄，僅限於家人和工作的同事及少數的幾個朋友而已。你的環境所吸引來的人，也是這種外表體面、保守、小氣、吝嗇、一板一眼、膽小、人緣不好的人。

紫微、火星為遷移宮時，你會如何看人

紫微、火星為遷移宮時，表示你周圍的環境中的人，是自命高尚，但脾氣是急躁火爆的人。你會比較衝動、性急、做事講求快速，討厭性情溫和又慢吞吞的人，會認為他們無用。自然，出現在你四周的人，以及被吸引來的人，都會動作快速，和做事有些馬虎，只講求效率，但精準度卻不一定好的人。

紫微、鈴星為遷移宮時，你會如何看人

紫微、鈴星為遷移宮時，表示在你周圍環境中的人，是自命高尚，有特別古怪聰明的人，脾氣也是急躁的。你的環境所吸引來的人也是這種具有某種高地位、聰明、偏向科技類的思想、與眾不同，又性急，有點和其他的人格格不入的這麼一種特別的人類。

紫微、天空或紫微、地劫為遷移宮時，你會如何看人

紫微、天空或是紫微、地劫為遷移宮時，表示你周圍的磁場是一種高貴又虛無、空虛的環境。在你的環境所吸引來的人，包括你的親人和朋友，皆是表面高貴，或有地位，有權力，但是對人冷

淡，思想清高不俗，不在乎錢財、利益的人，也是重名不重利的人。因此在你周圍所形成的環境裡，都是充滿和你一樣，彼此無害，也相互沒有幫助的人。你們彼此謹守自己的人格規範，力行君子之交淡如水的朋友之情。

紫微、天府為遷移宮時，你會如何看人

紫微、天府為遷移宮時，表示你周圍的環境是高尚的，極為富裕、生活精緻、財多，也處處受人尊敬、溫和又美麗的環境。你是七殺坐命寅、申宮的人。沒有如此優渥富裕的環境，你是沒辦法生存的。你會生長在富裕家庭中，受人喜愛、寵愛。周遭所出現的家人、朋友，也都是財力充裕、富足、溫和又善理財的人。你會對賺

錢有興趣，未來在工作上也會一帆風順，且多吸引有錢、高貴、地位高的人，來做你的朋友和家人，所以在你的環境中幾乎不會發生什麼不好的事。大家似乎都是來幫助你，成就你的富貴而來的。太窮、太沒有能耐的人想要進入你的環境也不容易，也待不住。只有和你一樣是富貴的人，會賺錢的人，才會進入你的環境之內。你是天生有錢的人，所營造出的環境也是極富裕、財多，和有高貴品質的環境。

紫府、祿存為遷移宮時，你會如何看人

紫府、祿存為遷移宮時，表示你周圍的環境是一種高尚、富裕且保守的環境。你天生小氣、吝嗇，精於計算，害怕交到比你窮的

朋友，來劫你的財，而且自幼家中有問題，形成你心情不開朗，終日小心翼翼過日子的心情。害怕損失或被欺負。在你的環境中有一些錢，但內心寂寞，你也不敢開放心胸來接納別人。因此你周圍的環境中也只會吸引少數的、內心寂寞的有錢人來做你的朋友。甚至於你周圍的環境是根本吸引不到什麼朋友的。

紫府、陀羅為遷移宮時，你會如何看人

紫府、陀羅為遷移宮時，表示你周圍的環境是表面上高尚、富裕，但有些緩慢和愚笨的，也有些悶悶的，把煩惱藏在心中盤旋懷疑而不說出來的。所以你的環境也就會吸引相類似的這些人來做你的家人和朋友。

紫府、火星為遷移宮時，你會如何看人

紫府、火星為遷移宮時，表示你周遭的環境是大致上高尚、富裕，但會衝動、性情急躁、火爆的。也會因衝動而略有耗財現象，或略有意外之災的。而你的環境也會吸引上述這種相同類型的人來做你的家人和朋友。

紫府、鈴星為遷移宮時，你會如何看人

紫府、鈴星為遷移宮時，表示你周圍的環境中是一種高尚、富裕，和略帶古怪聰明、急躁兼火爆的一種環境。這種古怪的聰明也會使財略有耗損，或是在人際關係上會有一點格格不入的感覺。因

此當你的環境吸引這種人來時，你也會和他們一樣，變得有錢也性格古怪了。

紫府、天空或紫府、地劫為遷移宮時，你會如何看人

紫府、天空或紫府、地劫為遷移宮時，在你的命宮一定是七殺地劫或七殺、天空。這表示在你本身的思想上就不計較利益，也不計較錢財，更不計較做事是否有成果。你是清高、清純的典型，不會用太多頭腦去想事情，顧慮不周全。而你周遭的環境中也吸引著一群表面看起來富裕、高尚、長相體面，同樣也是一群不用頭腦的人。因此你一直生存在一個充滿假象的高貴、富裕的環境中。吸引

而來的，自然也是相同類型的人了。

紫相為遷移宮時，你會如何看人

紫微、天相為遷移宮時，表示你周圍的環境是高尚、溫和，井然有序的，打理的十分嚴謹的。你是破軍坐命辰、戌宮的人。你的環境很好，會吸引高尚品格、理財能力好、做事能力佳的人來幫助你、輔助你，所以你一生的運氣很好。你的僕役宮是天機、巨門，表示朋友都是具有高智慧，高學歷，極端聰明，又有競爭能力的人，在這種的環境之中，自然會形成你的事業團隊和朋友群都是高水準的人。水準太差，就不會進入你的環境之中，是故也會影響到你的事業有較大之發展。

紫相、擎羊為遷移宮時，你會如何看人

紫相、擎羊為遷移宮時，表示你周圍的環境是表面高尚、溫和，有些懦弱的。但實際上是暗潮洶湧，爭鬥激烈的。天相是『印星』，擎羊是『刑星』，因此有『刑印』格局。表示無法掌握權力，有懦弱，被欺負的現象。紫微在此也無用，是『奴欺主』的格局，因此你有這種環境時，一生十分辛苦，心境常不好，每天小心翼翼，以防得罪人，常有受壓迫、受欺負的感覺。在你的環境中也易招惹別人來強勢的斥責或是佔你的便宜。因為別人已經聞到有一塊弱肉可以強食的味道了。

紫相、陀羅為遷移宮時，你會如何看人

紫相、陀羅為遷移宮時，表示在你周圍的環境是高尚、溫和，有點笨，又有點慢吞吞，有點頭腦不清楚，悶悶的，暗自懷疑或心懷鬼胎的。因此你的環境所吸引來的人，都是表面上長相體面，溫和，愛享福，但比較笨。而且是不太合作，又自做聰明，內心也不知在想些什麼的人，也是最後看起來未曾享到福氣的人。

紫相、火星或紫相、鈴星為遷移宮時，你會如何看人

紫相、火星或紫相、鈴星為遷移宮時，表示在你周圍的環境中

是表面高尚，體面、祥和，但內在急躁、火爆、衝動的，而且常有意外之災而遭災，並不怎麼安祥舒適。你的環境所吸引來的人，也是這種表面看來還穩重、氣派，但心性急躁，常出錯，或常引發意外災害的人。有時也是自作聰明所引發的錯誤或災害。

看人智慧王

紫相、地劫或紫相、天空為遷移宮時，你會如何看人

紫相、地劫或紫相、天空為遷移宮時，表示在你周圍的環境中是表示看起來體面、氣派、祥和，好像很享福，但是因為思想上清高或沒用腦筋去想、想不到，而使自己沒有辦法真正享受到福氣。在你的環境中所吸引來的人，也是這表面看起來不錯，但缺乏大

腦，無法享福，財利也不太多的人，不過你們從來也不會太計較的。

紫微、貪狼為遷移宮時，你會如何看人

紫微、貪狼為遷移宮時，表示在你周圍的環境中是高貴、美麗，機會不太多，表面人緣好的，但人際關係是一種圓滑的，不算親密、有點距離，不太真誠的型式。在你周圍的人，都是長相體面，身材姣美的人。彼此做表面關係，實質保持一些距離，相互間遵循一定模式的相處方式。所以你的環境一直穩定在那裡，變化不大。你是空宮坐命卯、酉宮的人，倘若命宮中有祿存時，你會很保守，你的環境範圍更小。倘若命宮中有擎羊時，你的環境很容易變

成色情泛濫的環境，而自食惡果。倘若命宮中有火星或鈴星時，你具有『火貪格』或『鈴貪格』，會具有暴發運，一生大起大落，有意外之財，在你的環境中也會吸引有暴發運的人來，一同和你訴說暴發運的經驗。但是你的性格會急躁、衝動。在你的環境中是完全吸引和你有相同急躁性格的人來的，完全不會出現溫和、慢吞吞的人的，因為你會排斥他們。當命宮是地劫或是天空時，在你的環境中，是桃花比較少的，在某些時候是根本沒有桃花的。但大致上你還溫和，會與人保持距離，你是不太希望別人來打擾你的，可是在你需要人際關係時，也常無法進入別人的核心圈子中。你的環境所吸引來的人，也都是這種點到為止的人際關係的人。

紫貪、擎羊為遷移宮時，你會如何看人

紫貪、擎羊為遷移宮時，表示在你周圍的環境中是一種表面上的人際關，其實內在鬥爭凶狠，你會保守，或落入一些不好的桃花之中，頻惹是非而遭災。你的環境所吸引來的人，也都是表面長相不錯，但帶有陰狠、人際關係不太好的人。

紫貪、祿存為遷移宮時，你會如何看人

紫貪、祿存為遷移宮時，表示在你周圍的環境中是一種保守的，小家子氣，表面人緣好，但你不會主動來創造人緣的一種環境。你只會以接招的方式來運行你的桃花運。大致上你的運氣平

和，所吸引來的人，也都是略帶保守，人緣不錯，長相也美好，規規矩矩，老實的人。這些人會充斥在你的家人和朋友之中。因此這個環境是不錯的。

紫貪、火星或紫貪、鈴星為遷移宮時，你會如何看人

紫貪、火星或紫貪、鈴星為遷移宮時，表示在你周圍的環境中是一種衝動、急躁、火爆，蠢蠢欲動，隨時有好運要爆發的環境，你終日在外忙碌，在家待不住。在你的環境中也是速度快，停不下來，終日吸引那些有意外活動忙碌的人，因為你在外面有很多好運，所以你所到之處，所形成的環境都是鬧哄哄、快樂、忙碌的。

那些陰沈的，沒有好運的人，是不會近你身的。你也不喜歡停下來，因為停下來就不太會有好運了。

紫貪、天空或紫貪、地劫為遷移宮時，你會如何看人

紫貪、天空或紫貪、地劫為遷移宮時，表示在你周圍的環境中是表面美麗、氣派，但內在空空，沒有好運，也沒有桃花運，人緣機會也不多的。你的頭腦也空空，不大會想事情。在你的環境所吸引的人，也是這種表面長相不錯，但凡事無所謂，不太用心，好運也不多的人。

看人智慧王

紫微、七殺為遷移宮時，你會如何看人

紫殺為遷移宮時，表示在你周圍的環境中是一種強力在爭取權力、政治性的結構。你是在用一種頑固的、打拚的精神在爭取政治地位。大致上看起來你是地位還不錯，而且堅持力強的。在你的環境中所吸引的人，也是和你相同的，注重權力和政治利益的人。這些人也會和你一樣，用頑固的、有點笨的、積極努力打拚的方式，緩慢的、一點一滴的在累積經驗和成果。

紫殺、陀羅為遷移宮時，你會如何看人

紫殺、陀羅為遷移宮時，表示在你周圍環境中，仍然是一種強

力在爭取權力和政治性的結構。但你會更頑固、更緩慢，甚至是用有些笨拙的方式，或自尋煩惱的方式在打拼，結果沒有預期好。你的環境所吸引來的人也是這種愛蠻幹、帶點愚笨和是非的人，所累積的好運、經驗和成果會更少了。

紫殺、祿存為遷移宮時，你會如何看人

紫殺、祿存為遷移宮時，在你周圍的環境中，是一種保守的，又強力在爭取權力和政治性結構的環境，自然財會得到的較多一些，權力和政治利益也有，但不算很大。在你的環境中所吸引來的人，也會和你一樣是具有保守、小氣的性格，只進不出的去抓權和保有政治利益。但也同樣的所獲不算很大。

紫微、破軍為遷移宮時，你會如何看人

紫微、破軍為遷移宮時，表示你周圍的環境中是表面上看起來體面過得還不錯，也可算是富裕的，但是總有一些缺陷和缺憾的。你環境所吸引來的人，也都是長相體面，但言行大膽、豪放，不喜歡遵行規矩的，而且你也是毫不在意的。他們常使你有破耗，造成你的損失，甚至熟一點的人，就對你予取予求，使你煩惱不已。你是天相坐命丑、未宮的人。你的環境中永遠吸引這些『你對他們存有幻想而接近他們，他們就毫不客氣的把麻煩和要花錢的事丟給你』的這種人，因此你永遠也是抱怨很多，也無法改變現況的人。

紫破、擎羊為遷移宮時，你會如何看人

紫破、擎羊為遷移宮時，表示你周圍的環境中是表面高尚，美麗，但實際是爭鬥多又凶狠、破耗又多，對你不利的環境。你的環境所吸引來的人，也都是長相體面，好像是富裕的，但實際是空殼子、陰險、狡詐之徒。他們對你用陰狠爭鬥的方法，使你招架不住，你會懦弱的承受，毫無反抗的力量。你本命是天相坐命，和對宮的擎羊形成『刑印』格局，故你會懦弱承受，處處被人欺負，內心永遠不平，但無法反抗。

紫破、陀羅為遷移宮時，你會如何看人

紫破、陀羅為遷移宮時，表示你周圍環境是表面體面、環境

好，實質是殘破不堪，外華內虛的。而且也是暗中爭鬥不停的，表面上卻悶不吭聲的。你的環境所吸引來的人，也是這種表面體面，境裕好像不錯，但實際是窮的、笨的，屬於空心蘿蔔之類的人。這些人也會使你損失、破耗，也會製造麻煩、爭鬥，使你受連累。

看人智慧王

紫破、火星或紫破、鈴星為遷移宮時，你會如何看人

紫破、火星或紫破、鈴星為遷移宮時，表示你周圍的環境是表面體面，環境好，但表裡不一，且常因突發的意外事故造成災害和損失的。你的環境所吸引來的人也是長相體面，但性格急躁、火爆、衝動、爭鬥多也常有突發的衝突製造者出現，而使你不順、破耗、遭災。

紫破、地劫或紫破、天空為遷移宮時，你會如何看人

紫破、地劫或紫破、天空為遷移宮時，表示你周圍的環境中是表面體面、環境好的，但內在有破耗、窮的，而且常常是沒錢空虛的，又破耗不斷的。你的環境中所吸引來的人，也都是這種表面長相好，也可能衣著光鮮，但手邊無錢，以及花錢沒有節制的人。所以在你環境周圍的人，可能是騙子型的人，會來對你騙吃騙喝的。

紫破、文昌、文曲為遷移宮時，你會如何看人

紫破、文昌、文曲為遷移宮時，表示你周圍的環境是表面體面的，高尚、斯文型的，環境也不錯，但實際是窮的，無錢可花。你

極為注重面子問題，寧可花費大代價來維持高貴、體面的假象。在你的環境中所吸引來的人，也是這種長相體面、衣著光鮮，愛買名牌，過優質的物質生活，但不勞動賺錢，自命高尚的人。

紫微化權為遷移宮時，你會如何看人

紫微化權為遷移宮時，表示在你周圍環境中是無論發生什麼，都能自然而然的平順、平息的。你周圍的環境是一種政治性的、掌權、有主控力的環境。你環境所吸引到來的人，也都是身份地位高，有權力、有財富，能解決一切麻煩、困厄之事的人。因此你對任何事都是毫不畏懼，總是高高在上的、有控制性的權力的人。

紫微化科為遷移宮時，你會如何看人

紫微化科為遷移宮時，表示在你環境中是高尚、體面、富裕、穩重、有祥和氣質、有文質氣息的。雖有一些政治化的運作，也會是用高尚的手段，氣質優雅的在運作的。因此你的環境所吸引來的人也會是品行性格高尚，有氣質，不會粗魯，沒文化。這些人也會是地位高，長相好，有權力、地位、高知識、斯文和富裕的人。

第二節　天機星為周圍環境時，你會如何看人

天機在子、午宮為遷移宮時，你會如何看人

天機在子、午宮為遷移宮時，表示你周圍的環境中是速度很快，有變化的，周圍的人都特別聰明、機智，但凡事只有三分鐘熱度，性子急，性格不穩重，喜歡變化，有時是成事不足，敗事有餘的人，但也會利用變化來抓住好機會的人。因此在你的環境中所吸引來的人，就是這麼一種慧黠、機智、做事速度快，陰晴不定，喜歡挑起是非變化，再從中取利的機會主義者。你是巨門坐命子、午宮的人。

天機、擎羊在子、午宮為遷移宮時，你會如何看人

天機、擎羊在子、午宮為遷移宮時，表示在你周圍環境中是變化多，而且是競爭、爭鬥激烈的，並且還是一面爭鬥，一面變化的。也有愈變愈詭異和狡詐的現象的。你周圍環境所吸引來的人，也是既聰明又狡詐的人，這些人很讓你煩惱不堪，深受其苦的，你常無法抵抗，而頻頻遭受侵害，吃虧，心中很不舒服。

天機、祿存在子、午宮為遷移宮時，你會如何看人

天機、祿存在子、午宮為遷移宮時，表示在你周圍環境是一會

兒想變，一會兒又保守的，因此進進退退，沒有成果。也沒變得有多好，也沒變得有多壞。你的環境所吸引來的人，也是既聰明又有些鬼靈精思想，但是行為保守，敢說不敢做之人。你也同樣是以這種態度來遊戲人生的。

天機、火星或天機、鈴星在子、午宮為遷移宮時，你會如何看人

天機、火星或天機、鈴星在子、午宮為遷移宮時，表示你周圍環境中是變化多端，快速，常有意外、鬼怪，不能確定的變化，起起伏伏，難以掌握，不確定是吉、是凶的變化的。有時是好的變化，有時常有意外、天災發生的。你的環境所吸引來的人，也是聰明鬼怪，性急、急燥，不按牌理出牌，有些是成事不足，敗事有餘

的人。這些人也有時會帶來好運，有時也會為你製造災害、爭鬥、是非，使你遭災的。

天機、天空或天機、地劫在子、午宮為遷移宮時，你會如何看人

天機、天空或天機、地劫在子、午宮為遷移宮時，表示在你周圍的環境中是愈變化愈空無的。或是愈變化愈有外來力量將好運劫走現象的。你的環境所吸引來的人，也是看起來頭腦聰明，但不實際，是空有聰明的頭腦而無用的人。你待在這樣的環境中，自然也容易變成如此聰明而不實際、又無用的人了。

天機在丑、未宮為遷移宮時，你會如何看人

天機在丑、未宮為陷落為遷移宮時，表示你周圍環境是一發生變化就愈來愈壞，愈低落，運氣不佳，很衰運的環境。因此『以不變來應萬變』最好。你的環境所吸引來的人，都是個子矮小，或瘦弱，運氣不佳，或沒有能力，身體不好的人，他們有時也會精靈古怪，用些小聰明來使你遭災、受困，也會使你的運氣不好，來連累你。你是天梁坐命丑、未宮的人，你一生抓不到太多的機會，應儘量防止周遭的小鬼纏身，以防衰運糾纏不去。

天機、擎羊在丑、未宮為遷移宮時，你會如何看人

天機、擎羊在丑、未宮為遷移宮時，表示你周圍的環境中是爭鬥多，愈變愈壞狀況的環境。**在未宮時，有天機化科、擎羊**，表示此人周圍的環境是爭鬥、競爭、剋害激烈，你雖用多一些方法，但仍有愈變愈壞，而且是呈現一種文質、陰險的、變壞的狀況，表示爭鬥是文鬥的狀況。你的環境所吸引來的人，則是具有文鬥能力的陰險之人。**天機、擎羊在丑宮的人**，則你環境所吸引來的人，則是一般陰險狡詐的人。你具有如此的環境，故你也是同樣會具有這些文鬥或武鬥經驗的人。

天機、陀羅在丑、未宮為遷移宮時，你會如何看人

天機、陀羅在丑、未宮為遷移宮時，表示你周圍的環境中是又笨、又拖拖拉拉，不想變，又愈變愈壞，還常有因智慧不足所造成之災禍的環境。你的環境所吸引來的人，也是既笨、聰明度不夠，又偶而要運用小聰明來拖延一些事物，會造成對你更不順或更大的傷害及耗財。

天機、火星或天機、鈴星在丑、未宮為遷移宮時，你會如何看人

天機、火星或天機、鈴星在丑、未宮為遷移宮時，表示你周圍

的環境總是衝動、火爆、急躁、不聰明，又愈變愈壞，或因一時的怪異想法、古怪聰明而使事情出現變壞機率的狀況。你的環境中所吸引來的人，也是同樣是這種自以為聰明，愛搞怪，反而害到自己，又有意外之災的人。

天機、天空或天機、地劫在丑、未宮為遷移宮時，你會如何看人

天機、天空或天機、地劫在丑、未宮為遷移宮時，表示你周圍的環境是頭腦空空，不實際，本身聰明度又不足，任由其愈變愈壞的環境。你的環境所吸引來的人，也是這種本身不聰明，也不實際，沒腦子，也不學習，沒思想、沒能力、沒用之人。這些人也會影響到你更不實際、少一根筋，不用大腦而已。

天機在巳、亥宮為遷移宮時，你會如何看人

天機在巳、亥宮居平為遷移宮時，表示你周圍的環境是有一點小聰明，但是會向下變壞的環境。你的環境所吸引來的人，也是具有的聰明和活動力是不強的，偶而也會為你帶來麻煩的人。你在這樣的環境之中也要常小心因顧慮不周全而遭到挫折。

天機、陀羅在巳、亥宮為遷移宮時，你會如何看人

天機、陀羅在巳、亥宮為遷移宮時，表示你周圍的環境是比較笨，又慢，會拖拖拉拉，內心有古怪或是非的想法，不表現出來，

而使事情膠著，或每下愈況，有不好的發展的。你的環境所吸引來的人，是自以為聰明，實際頑固、笨又不自知、不承認，喜歡推罪諉過他人，頭腦也不清楚，認不清現實狀況，做事能力低落的人。

天機、祿存在巳、亥宮為遷移宮時，你會如何看人

天機、祿存在巳宮為遷移宮時，丙年生的人，有天機化權、祿存在巳宮為遷移宮時，表示在你周圍的環境中是保守、有生活之資、稍有主控權力的環境。但是主控力量並不強。同時環境中在某些方面也是有些保守勢力並存的。你的環境所吸引來的人，也是這種會智慧不高、愛管又喜歡控制別人得一點小利益的人。

戊年生有天機化忌、祿存在巳宮為遷移宮的人，在你周圍的環境是既保守，又會愈變愈壞，有是非、糾紛出現的環境。你的環境所吸引來的人，也是外表保守，但小聰明多而古怪，是非多，性格怪異，不合群，會惹麻煩，讓人討厭、難纏的人。

壬年生有天機、祿存在亥為遷移宮的人，在你周圍的環境中是保守的，變動不大的環境。你的環境所吸引來的人，也是性格內向、保守、聰明度也不高，活動力不強的普通人。

天機、火星或天機、鈴星在巳、亥宮為遷移宮時，你會如何看人

天機、火星或天機、鈴星在巳、亥宮為遷移宮時，表示你周圍

的環境是有點小聰明但也有些古怪的，而且常發生意外災害的。你的環境所吸引來的人，也是聰明不太多，但是衝動、急躁，脾氣不好，惹事生非，為你帶來意外之災的人。

天機、地劫、天空同在巳、亥宮為遷移宮時，你會如何看人

天機、地劫、天空同在巳、亥宮為遷移宮時，表示你周圍的環境是不聰明也不笨，但是什麼也做不成，也沾不到好處，更賺不到錢，是什麼也摸不到的環境。你的環境所吸引來的人，也是這種腦子不實際、虛空、不知什麼是好、什麼是壞、頭腦空空無用的人。你很可能是精神病患或早夭的人。

機陰為遷移宮時，你會如何看人

天機、太陰為遷移宮時，你是空宮坐命寅、申宮的人。表示你周圍的環境是變化快速，又講求感覺和情感因素的環境。

當機陰在寅宮時，你的環境所吸引來的人，是十分聰明，情緒易起伏，且稍有資財的人。因此你會在一個感情豐沛，聰明又變化多端的環境中，陰晴不定的生活著，但有時快樂。**當機陰在申宮時**，因太陰居平，你的環境所吸引來的人，仍是十分聰明，但敏感度不夠，感情較平淡。這些人所具有的資財也較少。因此你會在一個聰明但人情較冷淡的磁場環境中穿梭過日子，不算很快樂。

機陰、陀羅為遷移宮時，你會如何看人

機陰、陀羅在申宮為遷移宮時，表示你周圍的環境是一會兒聰明，一會兒笨的，有時敏感力強，有時根本沒有敏感力的。環境中的人在財力上也顯得不太富足的，你的環境所吸引來的人，是有兩種人，一種是聰明的，有智慧，但敏感力和感情較遲鈍的。一種人是笨的，又愛自作聰明的人。

乙年生的人，遷移宮會有天機化祿、太陰化忌、陀羅在寅宮時，表示在你周圍的環境中是表面上看起來是聰明圓滑，但實際內在是笨的，有錢財困擾，及和女人不和，敏感力有問題的。你的環境所吸引來的人，也是這一種喜歡自作聰明，但感情表達不佳，會引起是非糾紛。在錢財上也會造成不順和糾紛的人。

看人智慧王

機陰、祿存為遷移宮時，你會如何看人

機陰、祿存為遷移宮時，是甲年和庚年生的人會遇到的。

甲年生的人，**在寅宮**。表示在你周圍的環境中是保守內向、小氣的，環境中仍有變化，愈變會愈好，愈有財利，也愈有敏感力和多情義的環境。你的環境所吸引來的人，也是聰明，但行為保守，多情誼、知進退，會看臉色、狀況行事的人。

庚年生的人，**在申宮**，有天機、太陰化忌、祿存在遷移宮中，太陰旺度又是居平位的，故在你周圍的環境中，是聰明，但保守，感情不順，多感情和金錢上是非的環境。環境所吸引來的人，也是看不出有多聰明，常有金錢和感情問題發生的人。

機陰、火星或機陰、鈴星為遷移宮時，你會如何看人

機陰、火星或機陰、鈴星為遷移宮時，表示你周圍的環境中是聰明、伶俐、好動、速度快、急躁、衝動，有鬼怪聰明，也會有意外之災發生的環境。你的環境所吸引來的人，是靈巧，具有特殊聰明才智，帶有鬼怪思想，又性格衝動急躁、善變，而不耐煩、不耐靜、好動、敏感力強的人。這些人也常會影響到你的運氣，常有意外之災發生。

機陰、天空或機陰、地劫為遷移宮時，你會如何看人

機陰、天空或機陰、地劫為遷移宮時，你的命宮也會出現另一個地劫或天空星，在命、遷二宮彼此相照。所以在你周圍的環境中是當你的腦子空茫、不實際的時候，同樣你的環境中也會是變化起伏，形成虛空、不實際的狀況。只要你的腦中想些實際又有用的東西時，環境中的狀況就會變化變好了。你的環境所吸引來的人也是一樣的。當你腦袋空空時，你就會吸引來光說不練，聰明但無法成事的人。當你的腦袋清楚時，你就會吸引到對你自已有利的、聰明的，敏感力強，也稍具財力的人來你的環境之中了。

機梁為遷移宮時，你會如何看人

天機、天梁為遷移宮時，你是空宮坐命辰、戌宮的人，在你周圍的環境是自以為聰明，愛為人出主意，話多，說話又不喜負責任的狗頭軍師很多的環境。你的環境所吸引來的人，多半是表面看起來聰明，卻沒有大用，對你只有精神上支援，卻沒有實質幫助效益的人。他們對你是口惠實不惠的人，而且常為你引來是非和更多煩惱。你也不一定會聽他們的話，而自有主張。偶而聽一聽，又會出錯有麻煩，因此很無奈。

機梁、擎羊為遷移宮時，你會如何看人

乙年生的人，遷移宮有天機化祿、天梁化權、擎羊在辰宮時，表示你周圍的環境是有一些聰明、厲害、會強勢照顧你或管你的長輩或比你大的人，用陰險的手段技巧自以為在幫助你，實際上對你不好，而剋害你的環境。你的環境所吸引來的也是這種氣勢強悍、霸道，自以為對別人好，自作聰明，卻是常侵害別人利益的人。會讓你很頭痛，又無法擺脫。

庚年生的人，遷移宮是機梁、擎羊在戌宮時，表示你周圍的環境中是有一些表面上自作聰明、話多、愛出主意、愛幫你忙的人，卻常欺負你，剋害你，對你無益。你的環境所吸引來的人也是這種只會用口、假情假意，但真正對你沒有實質幫助，又常害你損失，或常暗自跟你爭鬥的人。

機梁、陀羅為遷移宮時，你會如何看人

機梁、陀羅為遷移宮時，丙年生的人，有天機化權、天梁、陀羅在辰宮時，表示在你周圍的環境中是一種自以為聰明，其實很笨，又強力要控制別人，主控事務，但什麼事都做不好的一種環境。你的環境所吸引來的人，也是這種自己笨，又愛多管閒事，又強力要管別人，會引起不滿和事端的人。

戊年生的人，有天機化忌、天梁、陀羅在辰宮時，表示你周圍的環境是一種頭腦不聰明，又愛多想，東想西想，頻惹是非，想幫助照顧人，但又幫倒忙，使你遭災的一種環境。你的環境所吸引來的人，也是頭腦有問題，笨又意見多，表面上是為別人好，但總是替人找麻煩，會害到別人的人。

壬年生的人，有天機、天梁化祿、陀羅在戌宮為遷移宮時，在

你周圍的環境中是一種自以為聰明，實質略笨，但仍可對你有些幫助利益的環境。你的環境所吸引來的人，也是這種略笨又悶聲不吭，把心事藏在心中，有時也會略為幫助別人的人。

看人智慧王

機梁、火星或機梁、鈴星為遷移宮時，你會如何看人

機梁、火星或機梁、鈴星為遷移宮時，表示你周圍的環境是暴躁、衝動、話多，又自作聰明。聰明又帶有古怪意味，會常引起意外災禍的環境。你的環境所吸引來的人，是脾氣急躁、衝動、話多、容易衝口而講些怪異思想和話題，對實際事情沒有幫助的人。有時也是頭腦不清楚的人。他們對你也沒有實質利益，而且又很可能為你帶來災禍。

機梁、天空或機梁、地劫為遷移宮時，你會如何看人

機梁、天空或機梁、地劫為遷移宮時，表示在你周圍的環境中是一種看似聰明、好心，但實際是用腦不多，思想不周全，或根本言之無物，沒有實際好處、利益的環境。你的環境所吸引來的人，也是常講廢話，腦子空空，又愛自做聰明，亂出主意，幫不了你什麼忙的人。

機巨為遷移宮時，你會如何看人

天機、巨門為遷移宮時，表示在你周圍的環境中全是一些特別

聰明、智慧高、學歷好、知識性高、口才好，具有專業性知識能力，又好辯論的人。你的環境所吸引來的人，也是這種聰明、口才好、高知識水準、好惹是非的人。

機巨、擎羊為遷移宮時，你會如何看人

機巨、擎羊為遷移宮時，表示你周圍的環境中是非常會運用聰明機巧來爭鬥、競爭的環境。這種具有口才、爭辯能力，又具有陰險氣質、陰謀特多，起伏變化不停，爭端不停的狀況，一直深深的影響著你，使你頭痛不已，但也更增加了你爭鬥的能力。你的環境所吸引來的人，也是這種特別具有高度聰明，喜辯論又陰險的人。

機巨、祿存為遷移宮時，你會如何看人

機巨、祿存為遷移宮時，乙年生的人，有『天機化祿、巨門、祿存』在遷移宮時，在你周圍的環境中有『雙祿』格局，表示在你周圍的環境中是喜歡變化，又保守，薪水之資的財不少，聰明，且具有高知識環境，口才能力好，也不免有是非口舌的一種環境。你的環境所吸引來的人，也是富有機智、應變能力，喜歡逞口舌之快，愛鬥嘴，但不傷大雅，也不傷和氣的這種人。因此你喜歡和聰明、高知識水準、口才好、能對你有利的人來往。

機巨、火星或機巨、鈴星為遷移宮時，你會如何看人

機巨、火星或機巨、鈴星為遷移宮時，表示你周圍的環境是爭鬥多、競爭激烈，常有火爆、衝動的場面，是非和災禍糾纏不清，又常有意外突發之災禍發生，變化無窮、起伏不定。環境中的人，全是智商高，有特殊古怪聰明的人，並且也是善辯、脾氣壞、又衝動、不理智的人。你的環境所吸引來的人，也是這種衝動、不理智、是非多、善辯，又有古怪聰明，頻頻挑起爭端的人。

機巨、地劫或機巨、天空為遷移宮時，你會如何看人

機巨、地劫或機巨、天空為遷移宮時，表示你周圍的環境是具有不實際的聰明機智，口才好，善辯，但你不一定會出口的環境。此時口舌是非會變少了，但也聰明才智無從發揮了。也會變得錢財賺得少，耗財多，做事、看事情都不夠實際，與一般人的生活較為脫節。你的環境所吸引來的人，也是這種光說不練，聰明卻不實際，口才也不算太好的人。他們能幫助你的地方也很少。

天機化權、巨門為遷移宮時，你會如何看人

天機化權、巨門為遷移宮時，你是丙年生的人。表示你周圍的環境中是能掌握變化起伏，應用是非或災禍，而能造成對自己有利，或增加自己的地位的環境。你的環境所吸引來的人，也是特極聰明，又懂得掌握權力、掌控機會，運用是非口舌或災禍來達到自己目的人。

天機化祿、巨門為遷移宮時，你會如何看人

天機化祿、巨門為遷移宮時，你是乙年生的人。表示你周圍的環境是能運用聰明、機巧，和一點人緣、口才，亦或是運用一點口

舌是非，來賺到一點屬於自己的財祿的環境。你的環境所吸引來的人，也是這種善於應變，口舌便佞，又能用聰明和口才賺到一些錢財的人。

天機化忌、巨門為遷移宮時，你會如何看人

天機化忌、巨門為遷移宮時，你是戊年生的人。表示你周圍的環境是頭腦不清楚，但仍有自以為是的聰明，是非特別多，口才又好，因此爭執、爭鬥特別多，更可能引起災禍，使你更生活煩亂。你的環境中有變化就有是非災禍，因此以不變應萬變，就是最好的方法了。你的環境所吸引來的人，也是這種頭腦不清，又自作聰明，容易引起口舌爭鬥和災禍的人。

看人智慧王

天機、巨門化權為遷移宮時，你會如何看人

天機、巨門化權為遷移宮時，你是癸年出生的人。你周圍的環境是聰明、機智、起伏、多變化，擅於運用口才來主控周遭事務發展的環境。你的環境所吸引來的人，也是這種特別聰明，口才又具有說服力，可用強力的說服力去主宰運氣轉變的厲害角色。

天機、巨門化祿為遷移宮時，你會如何看人

天機、巨門化祿為遷移宮時，你是辛年生的人。你周圍的環境是運氣變化起伏不定，但具有油滑的口才，甚至是連哄帶騙的能力

的，來製造使自己得利的環境。你的環境所吸引來的人，也是這種聰明、油腔滑調，會用口才討好人，因而使自己得利的人。

天機化科、巨門化忌為遷移宮時，你會如何看人

天機化科、巨門化忌為遷移宮時，你是丁年生的人，你周圍的環境是文質，會做事方面的智慧聰明，但也同時具有是非糾纏不清，在做人處世方面是糊塗不清的狀況，結果仍然是一團亂的。而且口才甚差，一說話就引起口舌是非和災禍。你的環境所吸引來的人，也是自以為聰明，有氣質，卻總是和人有糾紛或災禍不斷的。

第三節　太陽星為周圍環境時，你會如何看人

太陽在子宮為遷移宮時，你會如何看人

太陽在子宮為遷移宮時，你周圍的環境是光線暗淡，昏暗不明，前途和智慧都不明顯，氣氛有些鬱悶、停滯、懶洋洋又不積極，凡事常退縮不前，略帶孤僻、落寞、失意、喪志，無法讓你振作的環境。你的環境所吸引來的人，也是內向、不喜歡表達，或表達能力不好，鬱悶、沉默、慵懶、孤僻，喜歡躲在人後、害羞、怕見人，或失意，不容易成功的人。這些人在性格上對別人仍可寬宏

以待，不計較錢財和是非，但性格太內向，也不容易成功，只是一般普通的人。你是天梁坐命午宮的人。倘若是乙年和壬年生的人，命宮是天梁化權或天梁化祿的人，有堅強的意志力，仍可超越環境具有能力而成功。

太陽、擎羊在子宮為遷移宮時，你會如何看人

太陽、擎羊在子宮為遷移宮時，你周圍的環境是在暗淡、昏暗不明中又時常多爭鬥不停。你是壬年生、天梁化祿坐命午宮的人，在你的環境中終其一生都有暗中爭鬥的狀況在持續進行，使你常頭痛及有心臟、腦部的疾病。前總統李登輝先生便具有如此的環境。

你的環境所吸引來的人，也是性格內向、陰險、計謀多，表面不會聲張，甚至是原本成就、地位不好的小人之類的人，最後都會成為你的敵人。性格高尚不喜爭鬥的人，比較難進入你的環境之中。

太陽、祿存在子宮為遷移宮時，你會如何看人

太陽、祿存在子宮為遷移宮時，你周圍的環是保守、內向、有點小氣、吝嗇、小家子氣、運氣昏暗不明的環境。雖有一點生活之資就很滿足了。你的環境吸引來的人，也是這種性格內向、不開朗、保守、吝嗇、小家子氣、成就普通、前途並不很好的人。

太陽、火星或太陽、鈴星在子宮為遷移宮時，你會如何看人

太陽、火星或太陽、鈴星在子宮為遷移宮時，表你周圍環境中是暗淡不明，又火爆急躁、衝動、常有意外發生的環境。你的環境所吸引來的人，也是衝動、火爆、急燥，成就不好，卻帶有怪異聽明，或不行正路的人。常會為你帶來是非及意外之災。你周圍的環境中也是最容易發生火災、燙傷狀況的環境了。

太陽、地劫或太陽、天空在子宮為遷移宮時，你會如何看人

太陽、地劫或太陽、天空在子宮為遷移宮時，表示你周圍的環境是在昏暗不明中，又看不到什麼東西的狀況。有太陽、地劫時，是光線及前途昏暗，在昏暗中有人劫走了你的好運。有太陽、天空時，是在昏暗中，原本就空無一物。你的環境所吸引來的人，都是性格內向，傻呵呵，不用大腦，不會想太多，也不會理財，耗財凶，成就不佳的小人物。

天空地劫

太陽化權在子宮為遷移宮時，你會如何看人

太陽化權在子宮為遷移宮時，表示你周圍的環境是在暗淡昏暗中，仍可掌握一點小權力的環境。同時也是一種在檯面下暗中進行時可掌握到一些事情的主控權的環境。你的環境所吸引來的人，也是性格內向，悶聲不吭，較沉默，但暗中有實力，也喜歡運用一些暗中使力的力量的人。

太陽化祿在子宮為遷移宮時，你會如何看人

太陽化祿在子宮為遷移宮時，表示你周圍的環境是在不明朗、有些昏暗的環境中仍可掌握一些小財利的環境。同時也是一種在私下、暗中、檯面下所進行的人緣關係和機會不錯的環境。你的環境

所吸引來的人，也是性格內向，表面不太會說話，但人緣好，有性格上魅力，也能對你有幫助，不太計較的人。

太陽在午宮

太陽在午宮為遷移宮時，你會如何看人

太陽在午宮為遷移宮時，表示你周圍的環境中是非常光明、開朗、前途暢旺，如日中天、快樂、豪爽、不計較，做事大而化之，做事積極、成功的人非常多，希望無窮的環境。你的環境所吸引來的人，也是這種每天都很快樂，大聲講話，笑聲不絕、豪爽、不計較、聰明、積極、運氣好，成功率特別高，事業成就特別好的人，你是天梁坐命子宮的人。

太陽、擎羊在午宮為遷移宮時，你會如何看人

太陽、擎羊在午宮為遷移宮時，你周圍的環境中是表面上看起來開朗和運氣不錯，但爭鬥和競爭者很多，使你有些痛苦，又不能不一起加入競爭或爭鬥行列。而且你在事業上和男性的競爭和鬥爭尤其激烈，終其一生無法停止。你的環境所吸引來的人，也大多是男性，和喜愛爭鬥、有一點成就又帶有陰險氣質的男性。

太陽、祿存在午宮為遷移宮時，你會如何看人

太陽、祿存在午宮為遷移宮時，你周圍的環境是看起來開朗、運氣不錯，但保守、格局不大，略有財，會在固定範圍中活動，或具有小成就的環境。你的環境所吸引來的人，也是性格大致開朗，

但保守、內向、放不開、固執。有固定財利所得，終日忙碌，會有小成就而不貪心的人。

看人智慧王

太陽、火星或太陽、鈴星在午宮為遷移宮時，你會如何看人

太陽、火星或太陽、鈴星在午宮為遷移宮時，表示你周圍的環境是性格開朗豪放、衝動、火爆、急躁，有特殊聰明才智，無法受到控制、隨時會爆發脾氣的環境。因此也是隨時有意外之災或好運會發生的環境。你的環境所吸引來的人，也是脾氣衝，急躁、性急、聰明，但脾氣特壞，會不按牌理出牌，不受人控制，常有意外狀況的人。

太陽、地劫或太陽、天空在午宮為遷移宮時，你會如何看人

太陽、地劫或太陽、天空在午宮為遷移宮時，表示你周圍的環境是表面看起來運氣好、開朗、豪爽，前途光明，好像很積極，也容易成功的跡象。但實則是無內容或不太用腦子的、不實際的環境。你的環境所吸引來的人，也是這種快樂、豪爽，看起來運氣好，不計較，似乎有很多好運，但用腦不多，帶點傻氣的人。

太陽化權在午宮為遷移宮時，你會如何看人

太陽化權在午宮為遷移宮時，表示在你周圍的環境中是一種前

途份外光明，成功機會明顯，如日中天，積極努力，事業運特好，能掌握成功機會，競爭力特強，而且是成功男性特多的環境。同時你也對成功的男性有主控權的環境。你的環境所吸引來的人，也是運氣好，頭腦聰明，有成功的事業，以男性居多，以掌權的人居多，凡事有自己的看法，主觀意識強，能掌握成功機會與權力、地位的人。

太陽化祿在午宮為遷移宮時，你會如何看人

太陽化祿在午宮為遷移宮時，表示在你周圍的環境中是一種開朗、明亮、前途光明，有財祿，人緣機會特好，事業成就也非常好的環境。同時也是具有小富格局的成功男性特別多的環境。你的環

境所吸引來的人，是性格開朗、圓滑，討人喜歡，人緣好，做事易成功，協調能力好，有小富格局的成功之士，以男性居多。

太陽在辰宮

太陽在辰宮為遷移宮時，你會如何看人

太陽在辰宮居旺為遷移宮時，表示你周圍的環境中是像清晨的陽光朝氣蓬勃、清新的。一日之計在於晨，所以你常有週而復始的感覺，喜歡保持新鮮感和最初擁有的感覺。因此你周圍的環境中也常是做規律性周期變化的。更多的狀況是生氣勃勃、好動、開朗，停不下來，聰明、有理想、勇於奮鬥，但會大而化之。你的環境所

吸引來的人，也是這種類似青少年成長期的人類，熱情、奮發、勇於開創奮鬥、聰明、開朗、好動、精力充沛，但大而化之，稍微缺乏成熟度的人。而且你的環境吸引男性、陽剛之氣的人為數較多。

太陽、擎羊在辰宮為遷移宮時，你會如何看人

太陽、擎羊在辰宮為遷移宮時，表示你周圍的環境中是表面如陽光初升般的亮度，但實則是內裡爭鬥多，競爭激烈。尤其是和男性及具有陽剛性質的人及事物相剋，競爭激烈。你的環境所吸引來的人，也是性格豪爽、陽剛、開朗、脾氣衝、多智謀、愛用腦，又帶有些陰險意味，常容易和人發生衝突，對你不利的人。

太陽、陀羅在辰宮為遷移宮時，你會如何看人

太陽、陀羅在辰宮為遷移宮時，表示你周圍的環境中是表面如陽光初升般柔和，但有是非不斷的狀況，而且是具有笨的，悶聲不吭，拖拖拉拉，有些破耗不堪，粗大、不精緻或缺乏文質氣質的環境。也是常有破耗或傷災、破爛產生的環境。你的環境所吸引來的人，也是外表粗壯、陽剛，表面開朗豪爽、腦子笨，但內在性格悶，不說話，心中多是非，也愛惹是非的人。而且常容易因笨和粗俗的想法製造事端，給你帶來災禍和是非。

太陽、火星或太陽、鈴星在辰宮為遷移宮時，你會如何看人

太陽、火星或太陽、鈴星在辰宮為遷移宮時，你周圍的環境中是表面如太陽初升般的美麗，但會太衝動、火爆、急躁，或思想上有古怪的想法而帶來意外之災的環境。你的環境中很容易發生火災、燙傷事件，而且是常在清晨時發生。你的環境所吸引來的人，也是氣度陽剛，看似豪爽，實則是衝動、火爆、急躁、不顧一切，做了再說的人。這些人常容易為你帶來意外的爭鬥和災禍，火災、車禍也是常常發生的狀況。

太陽、地劫或太陽、天空在辰宮為遷移宮時，你會如何看人

太陽、地劫或太陽、天空在辰宮為遷移宮時，你周圍的環境中是表面如陽光初升般燦爛，運氣好。但環境中常空空的，是一種空茫現象，看不清有什麼內容的狀況。也會是表面運氣好，但不實際，掌握不到真實利益和方向的環境。你的環境所吸引來的人，也是性格開朗、大方、豪爽、不計較、好相處，但會少一根筋，凡事無所謂，衝動不足，腦袋空空，意見不多，也看不出有很多智慧的人。這些人對你的助益也會全無。

太陽化權在辰宮為遷移宮時，你會如何看人

太陽化權在辰宮為遷移宮時，表示你周遭的環境中是強勢的，如陽光強力照射一般，運氣十分好。而且環境中是一種強權式的環境，同時也是男性掌權，當家主事的環境。你亦會對男性有主導的力量。你的環境所吸引來的人，會是以男性有權力、有地位的人居多，也會是性格陽剛、強勢、霸道、有主見、有智慧、有能力的人居多。

太陽化祿在辰宮為遷移宮時，你會如何看人

太陽化祿在辰宮為遷移宮時，表示你周圍的環境中是開朗、快

樂，有陽剛氣，但也有人緣，運氣十分好，又圓融的環境。你的環境所吸引來的人，也是這種開朗，有進取心，快樂無憂，又具聰明、智慧，十分討人喜歡，人緣特好，工作能力強的人。

太陽化忌在辰宮為遷移宮時，你會如何看人

有太陽化忌在辰宮為遷移宮時，表示你周圍的環境是看起來陽剛開朗，但鬧哄哄，是非糾紛多，吵鬧不休，在事業上常有是非麻煩，而且常是男人們在爭鬥相擾的環境。你的環境所吸引來的人，也是這種陽剛不講理，是非多，愛吵鬧不休，事業上有麻煩不順的人。而且是以工作不順的男性居多的人。

太陽在戌宮

太陽在戌宮為遷移宮時，你會如何看人

太陽在戌宮陷落為遷移宮時，表示你周圍的環境是太陽落入地平線之下，暗淡無光的狀況。你的環境是悶悶的，運氣是不好的、沉默的，沒有衝動的，懶洋洋的，喜躲在人背後，無法表現，也成就不高的。表面看起來仍有陽剛意味，但會像困於牢籠，有志難伸，前途較灰暗，看不出前景是什麼的狀況。也會人緣不好，凡事較困頓，踏不出去那一步路。你的環境所吸引來的人，也是性格悶悶的、不開朗，但也不計較，運氣不佳，事業有阻礙，難發展，或暫時遭災及運氣不好的人。

太陽、擎羊在戌宮為遷移宮時，你會如何看人

太陽、擎羊在戌宮為遷移宮時，你周圍的環境中是在暗淡、昏暗、運氣不好、悶悶的、沈悶之中，又有暗中爭鬥激烈的狀況。你的環境同時也是運氣不太好，還有傷剋不吉的事時常發生。讓你心情鬱悶，想得多，而造成對自己更大的傷害，讓你有想要自殺的狀況。你的所吸引來的人，也是這種悶悶的，悶聲不響又陰險的人。這些人的事業不佳，程度低，智慧不高，運氣也不好，但好鬥，也喜歡競爭，也不知還要爭什麼？這些人會更造成你的生活困難度，會使你煩惱、耗財，賺不到錢。工作、事業困難重重，生活不易，災禍多。你也容易有失明的危險。

太陽、陀羅在戌宮為遷移宮時，你會如何看人

太陽、陀羅在戌宮為遷移宮時，表示你周圍的環境中是暗淡無光，運氣不好。又笨笨的，智慧不高，做事拖拖拉拉，多是非的很多事情是在暗中發生而產生是非糾紛的。你的環境所吸引來的人，也是這種粗俗型的人，悶聲不吭，有些笨，智慧不高，常喜歡心中糾纏一些事，不願意說出來，做事笨笨的，成事不足，敗事有餘，喜歡拖拖拉拉，做不好事，事情成就低又無用的人。

太陽、火星或太陽、鈴星在戌宮為遷移宮時，你會如何看人

太陽、火星或太陽、鈴星在戌宮為遷移宮時，表示你周圍的環境是在昏暗中又急躁、衝動、火爆的。也是運氣不好，又容易因衝動而遭災的，因此常有意外之災。尤其是火災、燙傷很容易發生。會在晚間七時至九時發生。你的環境所吸引來的人，也是運氣不好，事業不順，又脾氣壞、衝動、急躁，常會有奇怪的聰明，因自作聰明而遭災的人。也容易吸引一些不行正路，投機取巧，妄想成功發富的人。

太陽、地劫或太陽、天空在戌宮為遷移宮時，你會如何看人

太陽、地劫或太陽、天空在戌宮為遷移宮時，你周圍的環境是昏暗不明，又空無一物的。運氣不好，也不在乎，更不想改善，任其沉悶、停滯，想的不多，也不想煩惱的環境。你的環境所吸引來的人，也是性格悶悶的，工作不努力，沒有錢，運氣不佳，對人也不計較，大而化之，也用腦不多，凡事無所謂，對任何人無益、也無害的人。

你一輩子有多少財

太陽化權在戌宮為遷移宮時，你會如何看人

太陽化權在戌宮為遷移宮時，表示你周圍的環境中是外表不顯眼、悶悶的，運氣也不旺，但是有一種暗中潛藏的力量。這是一種在檯面下暗中對男性有主導能力的力量之環境。無法在檯面上或正面與男性爭權奪利則不吉。你的環境所吸引來的人，也同樣是性格內向，外在無法有光鮮亮麗的表現，私下或暗地裡、檯面下較有智謀，會掌握機會，具有主控力，因此這些人也就是較容易掌有暗中實權的人。

太陽化祿在戌宮為遷移宮時，你會如何看人

太陽化祿在戌宮為遷移宮時，表示你周圍的環境中是不顯眼，

悶悶的，不喜歡表現，運氣也不算好的。但私下裡、暗地裡的人緣關係不錯，尤其是和男性的關係蠻好的。你的環境中也會暗藏著一些財祿，是悶著頭，以不聲張的方式在賺錢的。你的環境所吸引來的人，也是表面上不顯眼、內向、不愛表現，但私底下人緣很好，也稍具有小財富的人。

太陽化忌在戌宮為遷移宮時，你會如何看人

太陽化忌在戌宮為遷移宮時，表示在你周圍的環境中是悶悶的，運氣非常不好，並多是非糾纏，尤其是和男人的糾紛很嚴重，而且也會事業上有是非麻煩不順利，成就很低。你的環境所吸引來的人，也多是運氣晦暗，心情惡劣，有官非纏身，事業破敗，困厄，倒霉透頂的人。

太陽在巳宮

太陽在巳宮為遷移宮時，你會如何看人

太陽在巳宮為遷移宮時，你周圍的環境是運氣非常旺，事業蒸蒸日上，心情開朗，快樂、寬宏、不計較，做事積極，前途明亮，沒有阻礙，希望無窮的環境。你的環境所吸引來的人，也是性格開朗、豪爽，對人熱情、寬宏、不拘小節、有是非能化解、容易原諒別人，不計較，事業做的不錯，前途遠大，不積極努力的人。

看人智慧王

太陽、祿存在巳宮為遷移宮時，你會如何看人

太陽、祿存在巳宮為遷移宮時，你周圍的環境中是運氣好、開朗、快樂，但保守、守份、對錢財小氣，做事積極，一板一眼，會守自己的份際，固執，不會影響別人，也不受別人影響，略是小富格局、生活舒適的環境。你的環境所吸引來的人，也是性格保守、公正、運氣還不錯，自給自足，不麻煩別人，也不喜別人來佔便宜的人。

太陽、陀羅在巳宮為遷移宮時，你會如何看人

太陽、陀羅在巳宮為遷移宮時，表示你周圍的環境中是表面開

朗、傻呵呵的，其實是有煩惱是非在心中糾纏不說出來，有些悶聲不吭，腦子常慢半拍，有些笨的樣子的環境。同時也是男性與性格陽剛之人較多，也比較是非多，又笨，愛拖拖拉拉的環境。你的環境所吸引來的人，也是男性和陽剛氣較重，形態較粗，不文雅，多是非，又腦袋不清楚，做事較笨又無法有自我認知的人。

太陽、火星或太陽、鈴星在巳宮為遷移宮時，你會如何看人

太陽、火星或太陽、鈴星在巳宮為遷移宮時，你的環境是運氣很好，又急躁、衝動、鬧哄哄的，是非也很多的，也常有意外之災或突發事件的，你們環境也是最容易發生火災、燙傷和車禍事件

的。你的環境所吸引來的人，是性格開朗、豪爽、急性子、脾氣不好，易喜易怒，做事速度快，有時也常因思慮不周詳或不用大腦而遭災或失去一些機會的人。

太陽、地劫、天空同在巳宮為遷移宮時，你會如何看人

太陽、地劫、天空同宮在巳宮為遷移宮時，表示你周圍的環境中是表面上開朗、明亮，運氣好，但實則是『真空』地帶。你好像隔著一層玻璃在看你周遭環境中的人，對於周遭環境中的財利也是看得到、摸不到。你的思想和行為有非常大的不實際的狀況，根本脫離了現實的環境。你的環境所吸引來的人，也是和你一樣不實

際，表面是開朗、快樂，腦袋都空空，想得不多，也不太計較，但有時卻古怪，不合群，扭天別地的人。

太陽化權在巳宮為遷移宮時，你會如何看人

太陽化權在巳宮為遷移宮時，你周圍的環境中是有地位、有權勢的男性特別多，他們的事業成就特別好，同時也連帶使你的事業成就和地位、權力也高人一等的環境。這是一種強勢的環境，你也會對男性有主控力，人緣好，更會因為周遭的環境為你帶來大財利。你的環境所吸引來的人，也都是以有權勢、有地位，事業成就高、與才能特強的人。同時也是性格堅強，主觀意識強，愛管事，負責任，性格極為陽剛、固執、強硬的人。

太陽化祿在巳宮為遷移宮時，你會如何看人

太陽化祿在巳宮為遷移宮時，你周圍的環境是男性和有陽剛之氣的人多，和男性關係較親密的環境。環境中是開朗、快樂、運氣好，有名有利，凡事圓滑，希望無窮，機會特多，名聲大好的環境。你的周遭環境吸引來的人，也是開朗，性情好，有處世能力，事業高，有財富，生活愉快，奮發進取的人。

太陽化忌在巳宮為遷移宮時，你會如何看人

太陽化忌在巳宮為遷移宮時，太陽是居旺帶化忌，表示你周圍的環境是男性與陽剛之氣較重的人偏多，但你和這些人不和，多是非口舌，常有災禍發生。在你的環境中也是事業會發生問題，或頭腦不清楚，計算能力不好而遭受損失。但表面運氣仍是不錯的，只是男人不幫你，較會對你阻礙的環境。你的環境所吸引來的人，也是帶有是非來擾亂你，做你的絆腳石的男性或陽剛氣的人居多。你的環境還會吸引另一種事業不順，脾氣不好，腦子有問題的男性朋友來。所以你要小心受人拖累。

太陽在亥宮

太陽在亥宮為遷移宮時，你會如何看人

太陽在亥宮為遷移宮時，表示你周圍的環境是黑暗無光，太陽已經隱沒至地球的背面了。你的環境中仍是出現性格較悶不吭聲，成就不高，事業沒起色，懶洋洋，沒有奮發力的男性較多的環境，自然這種環境也是生活水準低，較窮困，看不到什麼前途、黯淡、沒希望的環境。你的環境所吸引來的人，也是以男性居多，而這些人也多半是內向、沉默，喜躲在人後，沒有表現，能力和事業晦暗，智慧不高，奮發力不強，一生中常有黑暗的時期。或是常遭災、身體不佳，或入獄，對人生沒希望的人。

太陽、祿存在亥宮為遷移宮時，你會如何看人

太陽、祿存在亥宮為遷移宮時，你是壬年生的人，你周圍的環境是昏暗不明，但有一些生活之資的小財富的。你容易生長在父親早逝，但留有小康資財的家庭中。在你的環境中容易出現內向、保守、性格悶，只賺一些小錢，自給自足，事業不高，成就普通的男性社會。生活水準並不高。你的周遭環境所吸引來的人，也是這種保守內向、人緣關係不好，事業不高的人。

太陽、陀羅在亥宮為遷移宮時，你會如何看人

太陽、陀羅在亥宮為遷移宮時，表示你周圍的環境中晦暗不

明，又是非多，有些愚昧，生活水準低，毫無發展，又不敢反抗，悶聲不響的環境。有這種環境的人，多半是在低層社會生存，也容易進監獄，過牢房生活。你的環境所吸引來的人，同樣也是在低層社會過暗無天日，沒有遠景的生活的人。他們只是默默在忍受一些不平等待遇，或私下爭鬥不停，卻無法突破困境，有出頭天。

太陽、火星或太陽、鈴星在亥宮為遷移宮時，你會如何看人

太陽、火星或太陽、鈴星在亥宮為遷移宮時，表示你周圍的環境中是晦暗、前途不明、運氣不好、智慧不高，但又衝動、火爆、爭鬥多，彼此不和，常有意外衝突或意外天災狀況的環境。你的環

境所吸引來的人，也是性格悶，運氣不好，事業不順，衝動、火爆、急躁，容易相互爭鬥，或常引發意外之災禍的人。

太陽、地劫、天空同宮在亥宮為遷移宮時，你會如何看人

太陽、地劫、天空同宮在亥宮為遷移宮時，表示你周圍的環境中是完全黑暗，又空無一物的。不但運氣低落，又沒有財，也沒有智慧，很難生存。有這樣環境的人，容易夭折，或被父母遺棄，或身體帶有特殊的病症也活不太長。你的環境所吸引來的人，也會是對你沒幫助，只是用不好的方法來壓制你，使你的生命很難延續的人。

遷移宮是陽梁

陽梁在卯宮為遷移宮時，你會如何看人

太陽、天梁為遷移宮時，在卯宮，陽梁居廟，表示你周圍的環境中是運氣特好，如陽光般明亮，又隨時有長輩級的男女貴人共同在守護你、照顧你的生活。你像天之驕子一般生活快樂，事業旺暢。同時你周圍的環境也是使你有名聲，事業位居一品的環境。你的環境所吸引來的人，也是性格寬宏，開朗，品德高超，事業和運氣都特好，又特別有慈愛之心，樂於助人，喜歡幫助你不遺餘力的人。

遷移宮有陽梁在卯宮，其人的命宮為空宮，若有天空是進入獨

坐時，為『萬里無雲』格。此格為貴格，會有崇高的理想，為理想而奮鬥做一番轟轟烈烈的大事。　國父孫中山先生就是此命格的人，其人的周圍環境就是運氣特別好，人緣特別好，有超強吸引人的魅力。周遭的男性、女性，以及長輩、晚輩都能成為他的貴人，共同守護他，不計一切的幫助他。共同為他來完成崇高理想的環境，**天空宮坐命酉宮的人**、本身就是思想清高、聰明，但對計算錢財和地位不重視、看得淡的人。這也形成他性格上的另一種懾人的魅力。他的環境所吸引來的人，也都會是各方樂於助人的人士，出錢出力，來共同完成一個偉大目標的人。因此能完成推翻封建制度，創建民國、改變時代，把中國社會推向民主潮流上邁進的路途。有這種環境的人，有無法形容的人緣魅力，募款能力特強，也會具有『陽梁昌祿』格，有高知識水準，受人愛戴，有名聲、性格寬宏、脾氣好，就是遇盜賊，也能化育他們而平安無事。

太陽、天梁在酉宮為遷移宮時，你會如何看人

太陽、天梁在酉宮為遷移宮時，太陽居平、天梁在得地的位置，表示你周圍環境中是夕陽已西下，奮發力量不足，運氣也不十分好，雖有長輩級的貴人在守護你，但也是用一般的方式，並不一定能合乎你的需要的方式來幫助你。環境中是慵懶、寬宏，沒脾氣，不算快樂，也沒什麼運氣，事業狀況不太好，喜歡過自我放逐生活的環境。你的環境所吸引來的人，也是成就不高，自我要求也不高，慵懶，不計較，對人尚稱寬宏、量大，凡事無所謂，沒法積極進取，也沒法任何野心的人。

陽梁、擎羊為遷移宮時，你會如何看人

陽梁、擎羊在卯宮為遷移宮，你周圍的環境是表面運氣好，又有長輩和貴人照顧你、守護你，但內在、暗中有許多爭鬥。長輩和貴人對你的照顧是你不喜歡的，也照顧不好的。這些人對你的照顧是有條件的，也可能是剋害你的，表面上你的事業運好，又有名聲，但是由不斷的競爭和爭鬥所換來的，因此在你的環境中是小人很多的，也是人緣不算很好的。你的磁場所吸引來的人，大都是表面寬宏大量，有慈愛心，但內在陰險，或是事業上表面做得很好，實際上有一些問題的人。他對你是表面上有助力，但也給你帶來壓力和困擾、剋害及不愉快的。

在酉宮，你周圍的環境是原本運氣已不太強了，又加上長輩及

貴人們對你的限制、剋害。他們製造了許多爭鬥和競爭，更增加對你的不利和不順，因此你常不快樂，生活過得很辛苦。你的環境所吸引來的人，也是這種成就不高，心地不太好，又多陰險、是非，容易製造混亂，對你有害的人，你需要特別小心才行。

陽梁、祿存為遷移宮時，你會如何看人

陽梁、祿存在卯宮為遷移宮時，你周圍的環境是運氣十分好，但保守、內向的環境，在你的環境中很容易形成『陽梁昌祿』格，因此你會由讀書的管道，步步高陞，發展成就大事業。在你的環境中你的長輩、貴人也會是品德高超，事業和運氣特旺的人，用保守、有情有義的方式來幫助你，你一生所處的環境都是富足、人緣

好、運氣好、知識水準高、無憂無慮、開朗、愉快的環境。你的環境所吸引來的人，也是品德好，保守、內向，事業和運氣都特別好，生活富足、愉快的人。

在酉宮，你周圍的環境是運氣平平、保守、內斂的環境。在你的環境中，也容易形成『陽梁昌祿』格。有『陽梁昌祿』格的人，會由讀書的管道來改變生活形態，有富足和較高程度的生活。女性長輩和貴人對你仍有利，會照顧你，也能發展事業。你的環境所吸引來的人，多半是生活尚平順，有衣食小康和生活的人。其中以女性及女性長輩級的人對你較好。

無法形成『陽梁昌祿』格的人，也就是『陽梁昌祿』格中，文昌、祿存或化祿不在四方三合位置上的人。你的環境是保守、內向，有衣食，但無太大前途，一生平淡無奇的環境。你的環境所吸引來的人，也都是以女性為多，有衣食無慮，但沒有大抱負，進取心也不強的人。

陽梁、火星或陽梁、鈴星為遷移宮時，你會如何看人

遷移宮在卯宮，你周圍的環境是運氣好、快樂、人緣好，但急躁、衝動、不安，有些火爆的，常常也會有偶發事件不愉快，或有小災禍的，在這個環境中，大家都對你好，但感情是粗獷、不細膩，偶而也會有爭執、衝動、不愉快的場面的，但很快就會過去了。你的環境所吸引來的人，都是性格開朗、爽直，容易衝動、急躁，事業運都還不錯，也偶而有些小麻煩、小災禍的人。他們對你

的幫助和愛心也容易是三分種熱度，但大致上來說仍然算是有慈愛心，願意幫助別人的人。

遷移宮在酉宮，你周圍的環境是運氣已經低落不強了，人際關係也不強，而且是衝動、急躁、容易有意外事件及小災禍發生的狀況，在你的環境中事業運和貴人運都不強。在感情上你也不算快樂，有些慵懶、無力，奮發力不足，對前途和未來的憧景都毫無興趣，只喜歡做一些與之所致的事情。你的環境所吸引來的人，也是這種事業和運氣都較低落，脾氣急躁、衝動，做正事又慵懶、傲慢、不積極，會有意外事件發生，一生難有大成就的人。

陽梁、地劫或陽梁、天空為遷移宮，你會如何看人

陽梁、地劫或陽梁、天空為遷移宮時，這就不是『萬里無雲』格了。這表示你周圍的環境是較缺乏貴人的。無論長輩及貴人、男人、女人、晚輩等的人都無法對你真正有利。有時候他們坐在你看得見的地方，但卻幫不上忙，或是幫了忙卻無實際效益和好處。

在卯宮時，表示你周圍的環境中，是表面看起來運氣好、人緣好，前途如陽光普照般明亮，貴人明顯，生活快樂，事業暢旺，有名有利，一切是蒸蒸日上的好環境，但實際上都是浮面的假象，內在是空虛不實際的，真正要找人幫助，要擁有真實的名利，是拿不到、得不到的。與表面所看到的，會有很大差距的。你的磁場所吸

引來的人，也是這種頭腦不實際，腦袋空空，事業和運氣表面看起來很不錯，但沒有真才實力的人。因此他們幫助你的能力也常消失，無法做到。

在酉宮時，表示你周圍的環境中，表面上看起來運氣已經低落了，人緣也馬馬虎虎，並不強。前途如日暮西山，貴人運也只是普通。生活懶散，事業運下滑，無名利可談，而且常有落空的趨勢。眼前的一切常有寂寥空無之感。你的環境所吸引來的人，也是言行散漫，頭腦空空，沒有大志，事業和運氣都愈來愈走下坡的人。有些也是根本無所事事、遊手好閒的人。

太陽化權、天梁為遷移宮時，你會如何看人

太陽化權、天梁為遷移宮時，是辛年生的人。

當遷移宮在卯宮時，你是祿存坐命的人。本身是保守，略帶小氣的人。在你周圍的環境中是強勢的，運氣特別好、地位高、智慧、事業運都特別旺暢的，在你的環境中是男性掌權，地位高的環境。你也特別對男性有影響力、主控力，雖然無論男性、女性、長輩級、晚輩級的人都如同貴人般來照顧你、守護你，但仍以男性較為對你有利，而你一定要外出或改姓才對你有利。無法在家中享受到如此好的環境，因為你的命宮有羊陀相夾，和父母、兄弟不和、無緣的緣故，到外面的環境中。你會更有發展。你的環境所吸引來的人，都是事業和運氣旺、地位高、掌權有勢力的人。也會是寬

宏、慈愛，對你有特別有助力的人。

當遷移宮在酉宮時，你是空宮坐命的人。你的遷移宮中是太陽化權、天梁、祿存。此時太陽居平化權、天梁在得地之位。表示你周圍的環境是：運氣和事業前途不算明亮，但性格頑固、喜歡管事、有性格悶、內向的男性在當家管事，也喜歡暗中發號司令或暗中主控一切。有衣食之祿，生活過得去，女性長輩對你稍好一點。你的環境所吸引來的人，也是這種保守、內向，事業平平，喜歡在人背後支使別人的男性，以及與男性緣份不高的人。

太陽化祿、天梁為遷移宮時，你會如何看人

太陽化祿、天梁為遷移宮時，你是庚年出生的人。

當遷移宮在卯宮時，你是擎羊陷落坐命酉宮的人，你本身是心機重、陰險、多煩惱，身體上遲早有眼目之疾或傷殘的人。你周圍的環境是看起來運氣好，大家都對你寬宏不計較，有長輩貴人在照顧你、愛護你，你的人緣還不錯，有問題的是你自己本身的思想有問題，使你不能享受太多的貴人運。你的環境，仍能使你運氣好、事業旺、有名聲、有名有利，但能得到多少名利、財利，則要看你是否心境能放得開，自我刑剋有多重了。命格中在四方三合之位能形成『陽梁昌祿』格的人，一生成就高，運氣也順暢得多。你的環境所吸引來的人，是有文化氣息，品德高，略有財富，事業運好，有名有利，性格寬宏的人。不能形成『陽梁昌祿』格的人，只有衣食之祿，身體也不好，靠人過日子而已。你的環境所吸引來的人，是一般有人緣、性格開朗、不計較、衣食無慮，對你好的人。

遷移宮在酉宮時，你是空宮坐命，**遷移宮中有太陽化祿、天梁、擎羊的人**，在你周圍的環境中是運氣、人緣都不強，常有小人出現來剋害你，而且這些人是表面溫和，對你好，看起來會幫助你，表面上是貴人，但實際對你不利，常暗中剋害你的環境，讓你很頭痛，而且這些人中，以內向、表面上有人緣，生活無憂的男性為最多。你的環境所吸引來的人，也是這種運氣和成就不高，有衣食而已，但陰險、好爭鬥，愛計較的人。

太陽化忌、天梁為遷移宮時，你會如何看人

太陽化忌、天梁為遷移宮時，你是甲年出生的人。

當遷移宮在卯宮時，你的遷移宮中有太陽化忌、天梁、擎羊，

你是空宮坐命酉宮的人。你周圍的環境中是表面上看起來有一些運氣，但卻是爭鬥、是非激烈，層出不窮，十分辛苦的環境。而且你的環境中常出現的貴人是與你不合，又陰險的男人，根本幫不上你的忙，且還會嫉妒、為難、剋害你。你的環境所吸引來的人，也是這種在事業上有問題，心地不良，陰險、嫉妒，前途不好的人，尤其以男性最惡毒，對你剋害最深的人。

遷移宮在酉宮時，你是擎羊坐命卯宮的人。你周圍的環境也是與男性人緣惡劣，常常易惹事生非，事業有問題，起伏不定，但女性或女性長輩會對你略好的環境。你的環境所吸引來的人，一部份是多是非、事業不順，運氣低劣的男性。一部份是溫和、會照顧你，對你好的女性。

太陽、天梁化權為遷移宮時，你會如何看人

太陽、天梁化權為遷移宮時，你是乙年出生的人。

當遷移宮在卯宮時，你的遷移宮中有太陽、天梁化權、祿存。你是空宮坐命酉宮的人，你周圍的環境是略為保守，但運勢很強，男人、女人都會成為你的貴人，但女性貴人更特別強勢的照顧你。家中有女性或年長的女性主事，當家掌權。會對你有力，帶財給你。你的貴人也是以保守、小心翼翼、不張揚的姿態在照顧你，對你付出。你本身也會保守，愛掌權，性格小氣，對錢財吝嗇，但對其他事情寬宏。你的環境所吸引來的人，也同樣是保守、內向，但性格強勢愛照顧人，在事業上奮發，有意見，會有成就，有財富、開朗、運氣好的人。

當遷移宮在酉宮，你的命宮有祿存星坐命，遷移宮中只有太陽居平、天梁居得地之位帶化權。表示你周圍的環境是運氣不強，但貴人尚得力，女性當權主事，女性貴人對你有益，會強力照顧你，男性對你較冷淡不合的環境。你的環境所吸引來的人，也是有能力、有地位的女性貴人或長輩級的人物，若有男性則是性格悶，事業運不佳，人緣關係也不好的人。

太陽、天梁化祿為遷移宮時，你會如何看人

太陽、天梁化祿為遷移宮時，你是壬年出生的人。

遷移宮在卯宮時，你周圍的環境是運氣很旺、很快樂、人緣好、女性尤其對你有利，貴人多，但這些貴人會有些自私的想法，

會給你帶來包袱的人。在你的環境中事業運很旺，也容易形成『陽梁昌祿』格。有『陽梁昌祿』格的人，你的環境是地位高，知識水準高，貴人明現，有財祿，希望無窮的環境。有『陽梁祿』，沒有文昌星在三合四方位置上的人，無法形成完美的『陽梁昌祿』格局，你的環境是運氣好，貴人多，人緣好，知識水準和生活環境是較普通的環境。並且也是貴人雖對你好，也會要求較多的環境。你的環境所吸引來的人，若是『陽梁昌祿』格的人，也是會吸引來有知識、地位高，喜歡幫助別人，但會造成別人心理壓力的人。沒有『陽梁昌祿』格的人，你的環境所吸引來的人，是性格開朗，有愛心，個性較直，不計較，也沒有想得太多，往往幫助別人又帶給別人困擾的人。

遷移宮在酉宮時，你周圍的環境是運氣已低落，有些悶悶的，不算開朗，人緣尚可，稍有貴人，但貴人給你帶來的包袱多，使你有壓力的環境。因此你不一定會接受貴人的幫助。你的貴人以女性或長輩級的人較多，和男性較不合。你的環境所吸引來的人，多半是事業運不太好、性格悶，稍有愛心就對別人造成包袱的人。

太陽、天梁化科為遷移宮時，你會如何看人

太陽、天梁化科為遷移宮時，你是己年生的人。

遷移宮在卯宮時，你周圍的環境是運氣好、人緣好、貴人多，長輩級貴人，會用有技巧的、高明的、文質的方式和手段來幫助你的環境，使你絲毫感覺不出來而欣然接受。你的環境所吸引來的人，也是性格開朗，有氣質、有愛心、做事能力好，智慧、品德

高，喜歡幫助別人的人。

遷移宮在酉宮時，你周圍的環境是運氣不強，人緣尚可，男性性格悶，不會幫你。而女性的、長輩型的、氣質高貴的人會幫助你。她們會以高明、文質的方式來幫助你，使你心情舒暢。你的環境也是一般小市民的成就不高的環境。你的環境所吸引來人，也是這種事業能力不強，性格悶的男性和氣質好、會用高明手段來幫助你的長輩女性。

陽巨為遷移宮時，你會如何看人

太陽、巨門為遷移宮時，你是空宮坐命的人。

遷移宮是陽巨，在寅宮時，你周圍的環境是運氣好，暢旺、熱鬧沸騰、是非多、口才好，有些爭鬥不停，是以和男性口舌是非和爭鬥較多的環境。你的環境所吸引來的人，也是這種性格較直、沒心眼，愛吵吵鬧鬧，口才好，廢話多，爭執多，反反覆覆的人。

遷移宮在申宮時，太陽在得地之位，巨門居廟，你的周圍的環境是運氣稍少，不旺，但爭執多，口才好，是非災禍稍多，尤其是和男性不合，事業運不強的環境。你的環境所吸引來的人，也是以事業不太好的男性為主，同時也是口舌是非、爭鬥多，廢話多，做不了什麼正事的人。

陽巨、祿存為遷移宮時，你會如何看人

遷移宮在寅宮時，你是甲年生的人。遷移宮中有太陽化忌、巨

門、祿存，表示你周圍的環境是運氣不好，和男人是非糾紛特多，會遭男性剋害，可能危及生命的環境。在你的命格中有『羊陀夾忌』的惡格，是相夾遷移宮，因此出外要小心，在家中也易被家中男性剋害，一生都要小心。你的環境中常有是非災禍，『祿逢沖破』，錢財也少，生活辛苦。你的環境所吸引來的人，也容易是這種是非多，麻煩多，事業有問題，但口才好，會騙人，使你遭災的男性。

遷移宮在申宮時，你是庚年所生的人。遷移宮中有太陽化祿、巨門、祿存，是『雙祿』格局。你周圍的環境是人緣不錯，口才好，有些保守，但可以運用口才得利，男性和你的是非爭鬥很多，但沒有太大影響的環境。你的環境所吸引來的人，是以男性居多，這些人是性格略悶，但有人緣和口才，本身有衣食之祿，事業普通，易會招惹是非、糾紛的人。

陽巨、陀羅為遷移宮時，你會如何看人

遷移宮是陽巨、陀羅時在寅宮時，你是乙年生的人。你周圍的環境中是鬧哄哄的，是非多的，又有一些悶聲不吭、較笨的人，使是非災禍有延長、緩慢、拉長的趨勢的環境。你的環境所吸引來的人，也是這種比較笨，少根筋，頭腦不聰明，但表面上還開朗，有一點事業運的人。

遷移宮在申宮時，你是辛年生的人。你的遷移宮中有太陽居平化權、巨門居廟化祿、陀羅同在遷移宮，因此你周圍的環境中是事業普通又頑固的男性在掌權管事，口才好，圓滑，表面上看起來聰

明，但某些事又做得很笨，喜拖拖拉拉的環境。你的環境所吸引來的人，也是愛用嘴巴命令人，愛掌權管事，圓滑，自作聰明，但又常有些事做不好，惹是非，會投機取巧，拖拖拉拉的人。

陽巨、火星或陽巨、鈴星為遷移宮時，你會如何看人

陽巨、火星或陽巨、鈴星為遷移宮時，表示你周圍的環境是熱鬧、混亂、是非爭鬥多、有意外之好事，也常有意外之災的。你的環境中常是鬧哄哄、衝動、急躁、一觸即發的形式，會讓人不安。尤其是男性的爭鬥和是非很嚴重，也常有意外災害發生的環境。你的環境所吸引來的人，也是性格陽剛、火氣盛、衝動、急躁、多是

非、糾紛，有一些古怪的聰明，但對實質無益。這些人容易引起突發的事件，或因衝動、爭鬥而遭災，或為你帶來災害。在你的環境中極容易有火災、燙傷而不吉受傷。

看人智慧王

陽巨、天空或陽巨、地劫為遷移宮，你會如何看人

陽巨、天空或陽巨、地劫為遷移宮時，其人是空宮坐命寅、申宮的人。其人的命宮也一定有另一顆地劫星或天空星，和遷移宮中的天空、地劫相照。因此你周圍的環境是看起來大致還平和、安靜，既不熱鬧也平靜無爭鬥。但是每當如此時，你就什麼也得不到。人緣關係、機會、運氣、財運、事業運，一切都空茫一片。你

的腦子也空茫，無所適從，心慌慌的，好像所有的人都離你很遠，你像獨自住在太空清虛的環境中一樣。你的環境所吸引來的人，根本很少人來靠近你，你只是看著周遭人在熱鬧活動，彷彿有一個透明的玻璃罩子將你和人群隔離開了，這也像是你站在一個寂靜的世界看著另一個熱鬧的世界一般，這讓你常有恐怖的感覺，而不知如何是好。只要改變心態和想法，你就能從透明、寂靜的世界中解放出來，回到和大家一樣的熱鬧世界了。

太陽化權、巨門化祿為遷移宮時，你會如何看人

遷移宮是太陽化權、巨門化祿時，你是辛年出生的人。

遷移宮在寅宮時，太陽居旺帶化權，巨門居廟帶化祿，因此雙

看人智慧王

星都十分旺，表示你周圍的環境是男性掌權，地位高，常有是非爭執，很熱鬧，但也能以口才、甜言蜜語來協調而平順的環境。同時在你的環境中也是運氣旺，事業運特強，最能掌握男性及用口才、和帶有是非、爭鬥起伏的事業來達到你人生的高峰。你的環境所吸引來的人，也是這種具有權力、地位的男性老闆型的人物。他們同時也是會做一些具有爭鬥性強、有爭議性的事業的人。也就是說你的環境所吸引來的人，也都是會是一些厲害角色，大起大落，或是黑白兩道不分、雜處的人物，或是一些和政治上權力、地位、金錢掛勾的人物。

遷移宮在申宮時，有太陽化權、巨門化祿和陀羅同宮，太陽是居得地之位帶化權，又有陀羅居陷，巨門居廟帶化祿，因此你周圍的環境和在寅宮時就不一樣了，你周圍的環境是運氣並不特別旺，有頑固的男性掌權主事。環境中的是非爭鬥特別多，比在寅宮時更厲害，吵得更凶，雖然也可用口才、甜言蜜語協調擺平，但所花的時間多，而且這些爭鬥吵鬧不休的人，大多是頭腦笨，知識、能力差的人，頻頻糾纏，很難擺平，同時你也是這種看起來對男性有主控力，能掌握男性，或說服男性的人，但所遇到的人，都是愛糾纏，頭腦不清，是非糾紛多，讓你很難去控制狀況，很難擺平的人。你的環境所吸引來的人，也會是這樣的頭腦不清、笨的，想掌權，能力不太夠，愛吵鬧不休，爭執很多，廢話又多，言不及意，拚命解釋，又愈來愈混亂的人。

日月為遷移宮時，你會如何看人

遷移宮有太陽、太陰時，你是空宮坐命丑、未宮的人。

遷移宮在丑宮時，你的命宮在未宮。此時遷移宮中的太陽是居陷、太陰居廟，這表示在你周圍的環境中是事業運與男性關係的人緣機會較差的。但與財運和女性關係的人緣機會較佳的。同時在你的環境中也是比較悶、暗淡、不開朗、不喜歡表現、內向、內斂的。但會是溫和、柔順、爭鬥不強，凡事只會默默的做，很難出頭。名聲、地位不高，但財利仍不少的環境。你的環境所吸引來的人，也是這種無法在檯面上表現自己，性格內向，較悶、內斂、溫和，喜歡以情打動別人。也喜歡暗中計畫或做事，名聲與地位不高，不響亮，但非常有錢的人。而且你的環境所吸引來的人，以女性對你最有利，對你最好。男性則和你有隔閡，不親密，難交心。

遷移宮在未宮時，你的命宮在丑宮。此時你的遷移宮中的太陽居得地之位，太陰居陷位。因此你周圍的環境是運氣稍旺一點，事業運和與男性的人緣關係稍好一些。但是財運和與女性的人緣關係都很差。同時你的環境中是陽剛氣重一點，溫柔和敏感力都很少、很差的。你的環境中是一種喜歡表現，性格開朗，不計成敗、利益向上衝，能得到名聲、地位，但財利很少，有點窮，又沒有感情做支撐的世界。你的環境所吸引來的人，也是這種不講感情，心態和實質都較窮，但對事業、上進心很旺盛，在事業上運氣也還不錯，以主貴為格局的人。而且你的環境所吸引來的人，以男性較多，也對你最有利，同時他們也是以事業打拚為重，但錢財少的人。以女性較少，女性與你不合也不親密。你周圍環境中的人，都會是較窮而有志向的人。

太陽、太陰、擎羊為遷移宮時，你會如何看人

遷移宮有太陽、太陰、擎羊時，你是丁年、己年、癸年生的人。

遷移宮在丑宮時，你是癸年生的人，遷移宮中有太陽、太陰化科、擎羊。表示在你周圍的環境中運氣不好，暗淡、內向，與男性無緣，女性則是有氣質、溫柔，和你較親密的人，但整個的環境中都是爭鬥多、不順，雖有一點財運，但也不多，會受到剋害的狀況。你的環境所吸引來的人，也是這種對你不好，凶惡的、窮的男性，和溫和、懦弱，財也不多的女性，整個環境對你來說都是不太友善的。會侵害你，對你不利的。

遷移宮在未宮時，你是丁年生的人，你的遷移宮中有太陽、太

陰化祿、擎羊。因為太陽是得地之位，太陰陷落帶化祿，擎羊居廟的關係，因此太陰化祿是不強，財仍少的。你周圍的環境是男性對你稍好一點，與你稍有緣份。女性對你雖冷淡，但仍能維持表面的平和圓滑的對待。你周圍的環境是運氣看起來還算好，但是不富裕，有吃穿的基本生活，但仍很窮。而且是境遇不順，多遇災禍、是非，造成你心理上有很大壓力和負擔，心情無法開朗的環境。你的環境所吸引來的人，也是和你有相同遭遇，生活艱難，但有志向，卻難突破，有一些困境的人，這其中以男性居多，但無論男性、女性都會和你保持距離，對你也會或多或少的帶來一些不友善、凶惡、侵擾的問題。

你若是己年生的人，你的遷移宮是太陽、太陰、擎羊，因太陰陷落、擎羊居廟的關係，擎羊是比較旺、比較強勢的。因此你周圍的環境是看起來有運氣，但不強，尤其財運不好，在事業上也會受到阻礙。你周圍的環境中是窮的，常有事端發生，有災害在不斷衍生出來的。讓你頭痛，又無法應付。你的環境所吸引來的人，無論男人、女人，都對你較凶惡。他們都較窮，也會侵害路你的權益。

太陽、太陰、陀羅為遷移宮時，你會如何看人

太陽、太陰、陀羅為遷移宮時，你是甲年或庚年生的人。

遷移宮在丑宮時，你是甲年生的人。遷移宮中有太陽居陷化忌、太陰居廟、陀羅居廟。故你周圍的環境是運氣不佳，多是非災禍，有點笨和拖拖拉拉。但會有些小錢的環境。在你的環境中女性對你較好、較親密，也會帶財給你。男性則是頭腦不清、是非糾纏

不斷，常害你遭災、受傷害的人。你的事業上也有糾紛、困難，但你仍有些小財可進，在工作上會斷斷續續的。你的環境所吸引來的人，也是這種又笨、又麻煩、糾纏不斷，對你傷害的男性，和溫和、有情義、對你有利，又小有錢財的女性。

遷移宮在未宮時，你是庚年生的人，你的遷移宮中有太陽居得地帶化祿、太陰居陷帶化忌、陀羅居廟。因此你周圍的環境是環境不大好的。這是一種有些笨，又拖拖拉拉，男性看起來較圓滑，女性對你很壞的環境。在你的環境中也是一種又窮、又笨，會做一些職位不高，用腦不多，賺錢又少的工作來糊口。你的環境所吸引來的人，也是這種層次不高，男性還算溫和，可接近，女性對你惡劣，是非糾紛多的人。而且你的環境所吸引來的人，大都是錢財上又窮，又有錢財糾紛、困難，會使你遭災的人。

太陽、太陰、火星或太陽、太陰、鈴星為遷移宮，你會如何看人

太陽、太陰、火星為遷移宮時：

在丑宮，你周圍的環境是暗淡、運氣不好、衝動、火爆、急躁，雖有一些財運，但容易流失的，也會因為愛流行、時髦，而花費多的，亦會有意外之災的。你的環境所吸引來的人，是性格悶悶的，有些悶騷型的人，也是性急、衝動的人，他們在事業上發展不大，但有些小錢，也會常做些突兀之事的人。

在未宮，你周圍的環境是看起來衝動、急躁、火爆，運氣還不錯，略為開朗，但敏感力不足，較陽剛、不溫柔，錢財也少的，破

耗較大的。也常有意外之災的。男人對你較好、較有利，女性對你不親密，無利。你的環境所吸引來的人，是橫衝直撞，較陽剛型，不會看臉色的人。他們同時也是不會理財，較窮，卻衝動，愛做事，打拚，卻結果並不如預期的人。

太陽、太陰、鈴星為遷移宮時：

在丑宮，你周圍的環境是運氣不順，但略有錢財，但會因衝動、急躁而有損失的。在你的環境中會出現一些有古怪聰明的人，若是男人，就是性格悶、內向，私下有古怪聰明的人。若是女人，就是有古怪聰明會賺錢的人，但你的環境中會因衝動、急躁而失去一些錢財，很耗財。你的環境所吸引來的人，也是這種性格悶、內向、內斂，但略有錢財，又有古怪聰明的人。

在未宮，你周圍的環境是運氣還好，但窮困無財，又常有古怪聰明，使你更無財的環境。但若用此古怪聰明來唸書，則會有出息的。在你的環境中男性對你好，女性對你不好。他們都是性急、衝動的人，常會因此發生衝突，或有意外之災。你的環境所吸引來的人，也是這種衝動、急躁、較窮，但肯為事業打拚，性格大而化之，理財能力不佳，陽剛，不精細、溫柔又有古怪聰明的人。

看人智慧王

太陽、太陰、天空或太陽、太陰、地劫為遷移宮，你會如何看人

太陽、太陰、天空或太陽、太陰、地劫為遷移宮時，在丑宮，表示你周圍的環境中是運氣不算好，略有錢財，錢財容易耗空或被劫走的狀況。在這個環境中，性格悶的男人，和略有小財的女性，

最後都幫不了你的忙，對你無益。你的環境所吸引來的人，也是這種和你感情不深的性格悶的男性和略有小財的女性。

在未宮，表示你周圍的環境中是運氣還不錯，有事業運，但較窮困，又多破耗，留不住錢的狀況。在這個環境中，男性是開朗、寬宏的，女性則是冷淡、不溫柔、敏感性不強的。但無論男人、女人都對你無益，幫不了你的忙。你的環境所吸引來的人，也是這種性格開朗，但和你有距離的男性，以及對你不友善的女性。同樣的，他們都和你有隔閡，或冷淡以對。

太陽化權、太陰為遷移宮時，你會如何看人

太陽化權、太陰為遷移宮時，在丑宮，你周圍的環境是由性格悶，內向，不喜表現、張揚的男性掌權做主，會給你帶來豐盛錢財的磁場環境。在此環境中，女性也對你親密，會帶財給你。並且在你的環境中以夜間活動運氣最好，你也可以在檯面下掌握主控權，但無法在檯面上或明處掌權、掌主控力。你的環境所吸引來的人，也大多是性格內向、內斂，有些悶，暗中有實權，財力又雄厚的人。女性也會是溫柔、多資財的人。

在未宮，你周圍的環境是由性格開朗，陽剛，大而化之，不拘小節的男性在做主掌權。這個環境是不富裕、理財能力不佳，有些拮据的。而且是男性對你較好，女性是冷淡不合的。在你的環境中

以日間活動較好，也以檯面上，面對面的談判能掌握主控權。私下或檯面下的協議會吃虧。尤其是談錢的問題更吃虧。你的環境所吸引來的人，也是在事業上能掌權做主，但錢財少，或財運不順的人。並以男性居多，女性和你不合。

太陽、太陰化權為遷移宮時，你會如何看人

太陽、太陰化權為遷移宮時，你是戊年出生的人。**在丑宮**，太陽居陷、太陰居廟帶化權，表示在你周圍的環境中，始終是強勢的女性在當家作主的，而且在這個環境中，男性是悶悶的，不發表意見的，能力也不強的。只享受能幹的女性把財政打理的很好、很富裕，坐享其成的。同時在你的環境是以賺錢主富為重的環境。你的

環境所吸引來的人，也是以能幹的女性和悶聲不吭、事業運不強、表現能力不強的男性為多數。你的環境也會吸引來金融界和做房地產生意的人。

在未宮，有太陽居得地之位、太陰居陷帶化權在遷移宮時，表示你周圍的環境是性格寬宏的男性和愛管錢又管不好，愈管愈窮的女性並存的環境。因此總會有一些小衝突發生。在這個環境中表面上是開朗，有一點運氣，注重名聲、事業，但想管錢卻管不到、管不好，或根本無錢可管的狀況。所以這是一個主貴的環境。你的環境所吸引來的人，也是這種愛管錢又理財能力不佳，較窮困又固執，表面開朗，打拚能力、表現能力還不弱的人。

太陽、太陰化祿為遷移宮時，你會如何看人

太陽、太陰化祿為遷移宮時，在丑宮，你是丁年生的人。你的命宮在未宮，是擎羊獨坐。你周圍的環境是內向、較沈默、不愛表現的男性，和人緣及財運較佳的女性並存的環境。在這個環境中女性和你特別有緣，男性則和你不合、有隔閡。同時這個環境也是以默默的賺錢、存錢為主的環境，不會去追求高地位、大名聲，或掌權，也不想做負太多責任的事情。你的環境所吸引來的人，也多半是沈默、事業運不強的男性和財多、會理財的女性。你會受到女性的錢財幫助，男性對你的助益不多。

在未宮，因有**太陽、太陰化祿、擎羊**，前面已經說過了，不再重複。

太陽、太陰化忌為遷移宮時，你會如何看人

太陽、太陰化忌為遷移宮時，是乙年和庚年生的人。『**庚年生的人』在前面『太陽化祿、太陰化忌、陀羅』中已說過了。**

乙年生的人，在丑宮時，因太陽居陷、太陰居廟帶化忌，因此你周圍的環境是男人冷淡、沈默，而女性表面看起來溫和，但和你有是非爭鬥，也與你不合，所以在你的環境中，男人、女人都對你不太好，無緣。在這個環境中雖也會進一些錢財，但總是有錢財上的麻煩和困擾，賺錢也不易，事業運是斷斷續續不強的。你的環境所吸引來的人，也是這種性格悶，事業運不好，較窮的男性和雖有小財，但和你相互不合，又常起金錢糾紛的女性為多數。

在未宮時，太陽居得地之位，太陰居陷帶化忌，表示你周圍的

環境是男性寬宏，對你好。女性和你的情感惡劣，且易生出是非麻煩，而十分窮困的環境，或是根本不重錢財，只重名聲，而窮困不已，遭受金錢困擾不休的環境。你的環境所吸引來的人，也是這種窮困又惹錢財麻煩、事業時好時壞的人，更麻煩的是女性會因錢財而和你糾纏不休。

第四節　武曲星為周圍環境時，你會如何看人

武曲為遷移宮時，你會如何看人

武曲時居廟為遷移宮時，你是貪狼坐命辰、戌宮的人。你周圍的環境是特別富有的環境。一生都會享受財富帶給你特別的好運和高水準的物質生活，而不知人間疾苦。同時你周圍的環境也會是和金錢或政治、軍警有關的環境。你的環境所吸引來的人，也是有財富商人，和從金融業、政治方面、以及軍警相關的人。他們都會是剛直、守信諾、講義氣的人。

武曲、擎羊為遷移宮時，你會如何看人

武曲、擎羊為遷移宮時，在辰宮，你是乙年出生的人。**在戌宮**，你是辛年出生的人。你周圍的環境是辛苦賺錢，而財並不太多的形式，你會做一些辛苦、競爭多，賺錢比同行少，不合算的工作。在你出生時，你的環境中，家中有經濟上的問題、糾紛。你一生也容易因爭鬥、剋害多，賺不到自已想達到的財富。你的環境所吸引來的人，都是性格剛強，較凶惡、陰險，本身有一些錢財，但又貪得無厭，容易和人爭鬥不停、爭奪你的利益和財富的人，所以你常為此事而頭痛。

武曲、陀羅為遷移宮時，你會如何看人

武曲、陀羅為遷移宮時，是丙年生的人和壬年的人會遇到。

丙年生的人，遷移宮在辰宮有武曲、陀羅，表示你周圍環境中是用很笨的方式，很固執的方式在賺錢，仍是會有不少財富，但在理財和賺錢方面不夠精明，會有疏失或失敗，因此無法真的達到大富翁的境界。在你周遭環境中也容易是和軍人、警察、政界，有關的環境。若是和商界、金融等有關的環境，則是低層的金融界的環境。你的環境所吸引來的人，也是這種頭腦頑固又笨，有固定的錢財可賺，不喜歡變通和溝通，也容易拖拖拉拉，自以為是，強行蠻幹的人。你的環境所吸引來的另一種人，就是軍警政界的人士，他們全是性格悶、沈默有強悍、頑固思想的人。

壬年生的人，遷移宮在戌宮時，有武曲化忌、陀羅。表示你周圍的環境是看起來不錯，能賺很多錢，但始終只有金錢是非、錢又是拖拖拉拉進得很慢的。在你出生時，你的家中就有財務上的是非、困擾、不順。你的家中也始終是這個狀況，很難改善。在你的環境中人，都不善理財和儲蓄，也都耗財多，又頑固，彼此不合，常因錢財是非發生爭吵、爭鬥。讓你很煩惱。你的環境所吸引來的人，也是這種頭腦笨，又愛為金錢爭鬥不停，或是財務有困難的人。

武曲、火星或武曲、鈴星為遷移宮時，你會如何看人

武曲、火星或武曲、鈴星為遷移宮時，表示你周圍的環境中是性格強硬、剛直，脾氣急躁、衝動、火爆，常有衝突發生，有意外之財可進，也有意外之災發生，會大富，也會暴起暴落很快，變化多端，爭鬥也很多的環境。在這個環境中也容易和金融界、軍警界、政界有關聯。你的環境所吸引來的人，也都是性格強悍，脾氣壞、衝動、急躁，賺錢很快，花錢也很快，有暴發運，一生起落很大，會有多次發富經驗的人。

武曲、天空或武曲、地劫為遷移宮時，你會如何看人

武曲、天空或武曲、地劫為遷移宮時，表示在你周圍的環境中是表面看起來富裕，但是空殼子，實際上你花不到那些錢。因此你的環境就是看得到錢，但卻拿不到錢的狀況。你的環境所吸引來的人，也是這種表面溫和，對錢財沒概念，想法很好，但賺錢能力不強的人，或是生在富貴家庭，卻掌握不到錢財，也不會理財、存錢的人。

看人智慧王

武曲化權為遷移宮時，你會如何看人

武曲化權獨坐為遷移宮時，你周圍的環境是能掌握錢財、政治、有權有勢，地位高、財富大的環境。而且環境中也都是有堅強意志力，性格強悍，喜歡掌權管事，尤其是愛管理錢財，具有良好理財能力的人。你的環境有時也和軍、警、政治、特務、黨務機關有關。你的環境所吸引來的人，也都是對金錢、政治有實權，富翁級或高地位的政治性人物。這些人也會用強勢的、霸道的、主控性的方法在金錢財富上或政治性的問題上來幫助你。因為你們心性相合，所以你也是向財富和政治方面發展的人。

武曲化祿獨坐為遷移宮時，你會如何看人

武曲化祿獨坐為遷移宮時，你是己年生的人，有貪狼化權坐命辰、戌宮。你的環境中是極為富有、財多、人緣好，又很有手段能圓滑的掌握每一個賺錢時機的環境。並且是主要以金錢獲得和交流，凡事以金錢來解決，和以金錢為主觀意識的環境。因此也是比較銅臭的環境。你的環境所吸引來的人，也多半是金融界、商業生意人，有經濟頭腦的人、有錢人，以及對賺錢鑽得特別快，重利輕義的人、唯利是圖的人，以及亦可能是為富不仁的人，為求利益不擇手段的人。

武曲化科獨坐為遷移宮時，你會如何看人

武曲化科獨坐為遷移宮時，你是甲年出生的人。在你周圍的環境中是講究賺錢格調，會用一些高氣質的、文質氣質的方法去賺錢的環境。環境中是平和、富裕，帶些文化氣質，文質彬彬，具有節奏感，條理分明，凡事會有獨特主觀的方法，能很有技巧的解決困難，故也是聰明、剛直，很會做事，賺取財富的環境。你的環境所吸引來的人，也是這種具有文武雙方面才華的人，以及會用帶有文質氣息的方式來賺錢，錢財富裕，又有品味格調、不粗俗的人。

武曲化忌為遷移宮時，你會如何看人

武曲化忌為遷移宮時，你是壬年出生的人。

遷移宮的武曲化忌在辰宮時，表示你周圍的環境是多錢財上是非困擾的環境。你在出生時，可能家庭中就有欠債，或財務糾紛，你一生也會受周圍人的財務問題而拖累。自然你自己的財務也是一團亂、不清楚的，別人欠你，和你欠別人的錢財，總是糾纏不清的，但你仍會賺到一些生活之需。年運好時，也會擁有財富，但始終是糾紛不斷，也會有車禍問題的環境。你的環境所吸引來的人，也是這種具有金錢糾紛和困擾的人，有的是因窮困欠錢而有糾紛。有的是借錢給人或別人欠錢不還而產生的糾紛和糾纏，這些人都是生活上多是非煩惱的人。

遷移宮在戌宮時，遷移宮中會有武曲化忌、陀羅，表示你周圍的環境中是金錢困擾，糾紛特別多，有雙重麻煩，又拖拖拉拉很久，很悶，難以解決。雖有些小錢，也難以解決的金錢問題。在你出生時你的家庭經濟狀況就可能是有錢財上的困難、糾紛，飽受磨難，而且是長時期受影響，拖拖拉拉很久，讓你和家人很痛苦的了。但你一生也會受這種金錢上的困擾之影響而煩悶。在你的環境中的人，都是理財能力不好，又會因此而招惹是非的人，而且有可能還會招惹到政治上的糾紛或受到迫害，並且你只要賺錢多一點，便是非麻煩不斷，周圍的那些有錢財是非的人、笨的人，錢財不順的人，都會吸附、黏著你，使你很痛苦。你的環境所吸引來的人，也多半是這種理財很笨，財運不好，欠債的人，以及和人有錢財是非、糾葛不清，頭腦不清楚的人。

武貪為遷移宮時，你會如何看人

武曲、貪狼為遷移宮時，你是空宮坐命丑、未宮的人，你的命宮可能是有擎羊、陀羅、火星、鈴星、地劫、天空進入，或者根本就沒有主星。表示你周圍的環境是有許多金錢和政治方面機會的環境，同時也表示在你周圍的環境中是有暴發機會，會因特殊的機緣，使你在某一沒時間運程中非常好（在三十五歲中年以後），但有大起大落的現象。你周圍的環境中是剛直、強硬、衝動。還算富裕，但人與人之間的關係是表面不錯，實際上是圓滑中帶有冷淡，關心度不足的。是表面應付的狀況。因此在你的環境中也是機會多、速度快、重視賺錢、升官的機會，對其他的事務較冷漠的，也是小氣、吝嗇於錢財的，你的環境所吸引來的人，也是這種性格吝嗇小氣，愛賺錢、性格剛強，對人稍為冷淡，處處尋找機會，機會又還不錯的人。

看人智慧王

武貪、擎羊為遷移宮時，你會如何看人

武曲、貪狼、擎羊為遷移宮時，你是空宮坐命丑、未的人。表示你周圍的環境中是爭鬥多，競爭激烈，錢財和好運機會有時會受到剋制不順，但仍是會有不少的好運和錢財，只不過要用更多的精神去競爭才能得到的環境。你的環境所吸引來的人，也是這種性格強悍、陰險，擅於爭鬥，容易和你競爭來得財，或是和你相爭好運機會的人。

武貪、陀羅為遷移宮時，你會如何看人

武曲、貪狼、陀羅為遷移宮時，你是空宮坐命丑、未宮的人，表示你周圍的環境是有些暗中的爭鬥、是非、不順，在錢財和好運上有些拖累、較笨、較慢，但仍有不少的財富和好運。只不過，會使你在賺錢打拚及尋求好運時，會慢一些、煩惱多一些，是非糾纏多一些罷了。你的環境所吸引來的人，也是這種性格強悍，有些悶，有話不直說，腦子較慢、較笨、好爭，但運氣還算不錯，又喜歡和你做暗中競爭的人。

看人智慧王

武貪、火星或武貪、鈴星為遷移宮時，你會如何看人

武曲、貪狼、火星或武曲、貪狼、鈴星為遷移宮時，你是空宮坐命丑、未宮的人。表示你周圍的環境是性急、火爆、衝動，爭鬥和競爭激烈的。同時也是具有意外突發之好運機會和得到意外之財的。你的環境就是一個具有暴發運、偏財運的環境，也是在人際關係上並不十分圓融、和諧，又十分快速變化，是重財利，不講人情理法的環境。你的環境所吸引來的人，也是這種性格強悍、聰明，速度快，做事潦草馬虎，沒時間講人情世故，運氣特別好，賺錢特別快，常有意外的財運，較重視錢財利益的人。

武貪、地劫或武貪、天空為遷移宮時，你會如何看人

武貪、地劫或武貪、天空為遷移宮時，表示你周圍的環境是表面上看起來有許多好運和賺錢的機會，也好像就快要暴發了，但結果是摸不到好運和賺錢機會，好運機會就眼睜睜的從眼前溜過，所賺到的錢也不算很多。而且暴發運也沒發。你的環境所吸引來的人，也多半是這種始終是差一點就快變成富翁的人，他們始終是頭腦思想很聰明，但不實際，做人處事都有漏失，無法達成願望的人。

武曲化權、貪狼為遷移宮時，你會如何看人

武曲化權、貪狼為遷移宮時，遷移宮在丑時，你是庚年出生的人。表示你的環境中，是可以掌握政治上和金錢上的權力，好運十分旺盛的人。你的環境中，可能是軍警界，或是商界、金融界的環境，自幼你家中環境還不錯，生活富裕，但生活緊張。你一生都會生活在權力鬥爭的環境之中。你的環境所吸引來的人，也都是具有高地位、高權力，生活富裕，脾氣強硬，人情味較少的人。

遷移宮在未宮時，遷移宮中有武曲化權、貪狼、陀羅。表示你周圍的環境是頑固，自以為是在掌握權力、金錢，好運雖不少，但亦有是非、鬥爭的環境。在你的環境中若是軍警界較佳，可更增強悍獨當一面的權力力量。若你的環境中是處在商界、政治界、金融

界，則會因是非爭鬥多，而掌權機會、賺錢機會，會打折扣的狀況。在你的環境所吸引來的人，也多半是這種強力愛掌權，又用愚笨顢頇自大的方式在處理權力鬥爭的事情，雖有時也會有贏的機會，但在賺錢方面是常有耗損、不吉的。

武曲化祿、貪狼化權為遷移宮時，你會如何看人

武曲化祿、貪狼化權為遷移宮時，你是己年出生的人。

遷移宮在丑宮時，你是擎羊坐命的人。表示你的環境中是賺錢機會特佳，你又能掌握主控好運的環境。但是你自己仍常煩惱不停。在你的環境中，你自幼便長相氣派，生活富裕，性格強勢，但圓滑、又能隨機應變，始終會站在最佳位置來掌控賺錢機會。只要

你的命、財、官、夫、遷、福沒有文曲化忌、劫、空出現，你就能享受到大財富和取之不盡、用之不竭的好運機會。你的環境所吸引來的人，也是這種特別愛賺錢、愛掌權，對錢財、權力特別敏感，富有，工作能力特強的人。

遷移宮在未宮，遷移宮中有武曲化祿、貪狼化權、擎羊同宮，表示你周圍的環境是有錢、有權、爭鬥多，常為了賺錢和主控權的問題爭鬥不已的環境。自然你所得的財富和好運機會，與主控的權力是較為打了折扣的環境了。你的環境所吸引來的人，也是這種略有財富，也有好運，但更陰險好鬥，處處會計較，喜歡爭權奪利的人。

武曲、貪狼化祿為遷移宮時，你會如何看人

武曲、貪狼化祿為遷移宮時，你是戊年出生的人。在你周圍的環境中是生活富裕，做人圓滑，人緣好，為了賺錢毫不得罪人，運氣極佳，注意力全在賺錢上面的環境。你的環境所吸引來的人，也是本身已富裕了，但還是特別愛賺錢，又有許多在錢財好運的人。

武曲化科、貪狼為遷移宮時，你會如何看人

武曲化科、貪狼為遷移宮時，你是甲年出生的人。

遷移宮在丑宮，你的遷移宮中有武曲化科、貪狼、陀羅。表示

你周圍的環境是運氣雖很好，但有些笨和是非的問題，又要用高氣質的手法去賺錢。是故，在你的環境中，賺錢的機會及好運雖不少，但仍會慢半拍，有拖延之勢。或是有阻礙，使賺錢的機運打了折扣。你的環境所吸引來的人，也是略笨，悶聲不吭，私下有爭鬥，會用自己特殊的方法來賺錢及取得好運的人。

遷移宮在未宮，遷移宮中只有武曲化科、貪狼，而你是陀羅坐命的人。你周圍的是有無限好運，生活富裕，又能以有氣質的手法來理財賺錢。你表面上是強悍，有些笨的，但周圍的環境特佳，所以你也主富，會掌權。你的環境所吸引來的人，就是這種會以完整、高水的理財方法來賺錢，好運又十分旺盛的人。

武曲化忌、貪狼為遷移宮時，你會如何看人

武曲化忌、貪狼為遷移宮時，你是壬年生的人。表示你周圍的環境是運氣雖有一些，生活之需的錢財也會有，但環境中仍然是金錢是非不斷的環境。你的環境所吸引來的人，也是這種看起來稍有一些運氣，但頭腦不清，錢財有困難或有錢財是非，欠債沒完沒了的人。

武曲、貪狼化忌為遷移宮時，你會如何看人

武曲、貪狼化忌為遷移宮時，你是癸年出生的人。

遷移宮在丑宮時，遷移宮中有武曲、貪狼化忌、擎羊入宮。你周圍的環境是運氣不好，機運少，爭鬥多，賺錢機會受到剋制，生活也不太順暢，常有是非糾紛，只有普通衣食之祿的生活已覺得很辛苦的環境。你的環境所吸引來的人，也是這種人緣關係不佳，是非多，勉強有衣食的人。

遷移宮在未宮時，遷移宮有武曲、貪狼化忌，你是擎羊坐命丑宮的人。你周圍的環境是性格保守，人緣機會不佳，運氣不好，是非多，稍能賺一點錢的環境。因此在你的環境中，賺錢吃飯是沒問題的，但無法富裕生活。你的環境所吸引來的人也是這種人緣不佳，過一般小市民生活的人。

武曲、七殺為遷移宮時，你會如何看人

武曲、七殺為遷移宮時，你周圍的環境是『因財被劫』的格式，表示你的環境是財少，又被劫財，拚命打拚，只有一點點收入的環境，因此是收入不豐的環境。在你環境中的人也是較凶惡，常沒有好臉色，常為了錢在忙碌、爭執、生活勞苦，又顢頇、頑固，不夠聰明的人。你的環境所吸引來的人，也多半是這種財少，又好爭財奪利，頑固，又有些不聰明，只會蠻幹、苦幹，得不到較多利益的人。你的環境所易吸引窮人或勞工階級的人來。

權祿科

武殺、擎羊為遷移宮時，你會如何看人

武殺、擎羊為遷移宮時，你是甲年或庚年生的人。

遷移宮在卯宮時，你是甲年生的人。遷移宮中有武曲化科、七殺、擎羊。表示你周圍的環境是爭鬥凶，財少，又用自命清高的賺錢手法來賺錢，結果是使財運更差，錢財問題更嚴重的環境。亦是容易發生車禍、傷災的環境。你的環境所吸引來的人，也是這種好爭、好鬥，又用自以為高尚的技倆來做錢財利益上的鬥爭的人。所以你的環境所吸引來的人，也全是賺錢賺不到，爭鬥方法卻不少的人。

遷移宮在酉宮時，你是庚年生的人。遷移宮中有武曲化權、七殺、擎羊。表示你周圍的環境中是境況不好，凡事爭鬥很凶，還有一些原本窮的、不富裕的人，又強力要做主、管錢財、掌權，因此更為混亂，讓人頭痛，受不了。亦是常容易發生車禍的環境。你的環境所吸引來的人，也是這種強悍、陰險、窮的、白手起家，具有武力或軍警業主管級會剋制你的人，亦或是管錢不一定管得到，又強力要多管，愛掌權的人。

武殺、祿存為遷移宮時，你會如何看人

武曲、七殺、祿存為遷移宮時，你是乙年或辛年生的人。你周圍的環境是『祿逢沖破』的環境。因此是保守，財不多，生活辛苦，容易被欺負，壓制，健康情形不算好，一生為賺錢、工作努力，但所賺的錢不多的環境。同時也是容易碰到凶惡的人來劫財的

環境。你的環境所吸引來的人，也是這種保守、內向，有些畏首畏尾，常受欺凌，生活不愉快，很辛苦的人。

武殺、火星或武殺、鈴星為遷移宮時，你會如何看人

武殺、火星或武殺、鈴星為遷移宮時，你周圍的環境是十分凶惡，爭鬥多，火爆、衝動，常有意外拼鬥、火爆場面，很少是平安、平順的。你的環境中的人，也都是用腦不多，凡事以武力解決，偶而有一點小聰明，也是帶點邪門歪道思想，本身窮，又好爭財的人。因此環境較凶惡，更多意外之災。也是常會發生車禍問題的環境。你的環境所吸引來的人，也都是脾氣不好、火爆衝動，較沒錢，愛為財相拼爭鬥，不顧死活的強悍之輩。

武殺、天空或武殺、地劫為遷移宮時，你會如何看人

武殺、天空或武殺、地劫為遷移宮時，表示你周圍的環境是錢財少，較窮困，但也不想爭了，也不想打拚了。環境中整個就是爭也爭不到，乾脆放棄算了的局面。你的環境所吸引來的人，也是這種表面凶惡，較不富裕，較窮，但性格懦弱、溫和、思想不實際，又更不用大腦，做事不積極，一事無成的人。

武曲化祿、七殺為遷移宮時，你會如何看人

武曲化祿、七殺為遷移宮時，你是己年出生的人。你周圍的環境是具有小康生活，肯努力打拚，人緣稍好，稍圓滑，愛賺錢，肯

為錢財努力的環境。環境中的人，也稍具小規模的經濟基礎，且又是十分打拚向上的人。你的環境所吸引來的人，也是這種略有經濟基礎，會賺一些錢財，但不會是大富的人。他們一定也會努力工作，在性格上雖剛直，不算頂聰明，但會靠努力，白手起家，使生活平順，有安逸生活的人。

看人智慧王

武曲、破軍為遷移宮時，你會如何看人

武曲、破軍為遷移宮時，表示你周圍的環境是錢財不豐，又喜為財破耗，勞碌奔波，比較窮又性格剛直的環境。環境中也容易是軍警業的環境。你的環境所吸引來的人，多半是軍警業的人。若是一般人，則是錢財不富裕或是有錢財困難，常向你借貸的窮人，亦或是性格剛直，人緣不算好的人。

武破、祿存為遷移宮時，你會如何看人

武破、祿存為遷移宮時，會是丙年、戊年、壬年出生的人。

遷移宮有武破、祿存在巳宮時，是丙年、戊年生的人，你周圍的環境是『祿逢沖破』的格局，會保守、內向，為衣食吃飯的財祿而終日努力，性格溫和，懦弱，無大志，因為羊陀所夾，因此在你的環境中是膽怯怕事，處處小心翼翼，不想找麻煩，只求生存平順，奮發上進的意念是受限制的。你的環境所吸引來的人，也是這種保守、懦弱、小心翼翼，不想找麻煩，能受氣，在夾縫中生存，也可以生存得很好的人。

遷移宮在亥宮時，你是壬年出生的人，有武曲化忌、破軍、祿存同在遷移宮，你周圍的環境是比較惡劣，常窮困又有錢財是非困擾，只能勉強生活，還常受欺負、不順，生活得也很痛苦的環境。

同時這也是『羊陀夾忌』的惡格，會因車禍或交通事故（飛機、舟船事故）而喪生，生命不長。你的環境所吸引來的人，也是這種既窮又理財能力不佳，頭腦不清楚，有欠債和金錢糾紛常遭欺凌的人。

武破、陀羅為遷移宮時，你會如何看人

武破、陀羅為遷移宮時，在巳宮是丁年、己年生的人。在亥宮是癸年生的人。

丁年生的人，遷移宮有武破、陀羅時，表示你周圍的環境是顢頇、強悍，是做武職、軍警業的環境較好。若是做一般文職或商業的環境，則會有窮困、愚笨，是非多，財不順，賺錢不易，又常有傷災、耗損、衰運又常拖得久，一生並不順暢的環境。你的環境所

吸引來的人，也是這種頭腦不聰明，又頑固、強悍、堅持，要破耗，愈做愈錯，還不願接受別人意見，一直到無法收拾的局面的人。同時也是既窮又笨，生活層次很低的人。

己年生的人，遷移宮有武曲化祿、破軍、陀羅，表示你周圍的環境，是有一些衣食之祿的小財，但仍是既笨又愛破耗和是非多的。你的環境所吸引來的人，也是這種不聰明，破耗多，但有固定職業能做事賺錢，或家中有衣食之祿，人緣還可以的人，但這些人仍會不時產生一些是非麻煩的。

癸年生的人，遷移宮有武曲、破軍化祿、陀羅時，表示你周圍的環境是雖沒有錢、又笨、能力又不好，但要花錢，就會找到錢去花、去破耗。你周圍的環境始終是個雖然窮，但會不顧一切，強悍的拖累大家，拖累周圍的人的環境。你的環境所吸引來的人，也是這種既笨、又窮、又耗財多，能引災禍連累他人的人。

看人智慧王

武破、火星或武破、鈴星為遷移宮時，你會如何看人

武破、火星或武破、鈴星為遷移宮時，你周圍的環境是較凶惡、爭鬥多、窮凶極惡，隨時有意外之災、車禍、傷災，又賺錢不易的環境，也是容易和黑道掛勾，不行正路的環境。你的環境所吸引來的人，也是這種生活層次低、又凶猛、衝動、急躁、較窮困，無財及行為不良的人。

武破、地劫、天空為遷移宮時，你會如何看人

武破、地劫、天空為遷移宮時，你周圍的環境是財少、較窮困，又有清高思想，一切看空、看淡、看破紅塵俗事的環境。同時

你的環境也是僧道、空門或與宗教、修道院有關，做隱士，不與常人接觸的環境。你的環境所吸引來的人，都是有特殊的思想觀、宗教觀，不重錢財、俗事，也不重視人情世故，頭腦清高、脫俗的人。

武曲化權、破軍為遷移宮時，你會如何看人

武曲化權、破軍為遷移宮時，表示你周圍的環境是原本不富裕，但又強力要掌經濟大權來破耗的環境。倘若是軍警業的人，這種環境是在軍警業中，強力要掌政治上的主導權，但權力仍不算大的狀況，只有中、下等的政治主導權。你的環境所吸引來的人，也是這種經濟狀況不富裕，但喜歡掌握政治或經濟上的大權，做事強悍，可能帶來更大破耗的人。

看人智慧王

武曲化科、破軍化權為遷移宮時，你會如何看人

武曲化科、破軍化權為遷移宮時，你是甲年出生的人。你周圍的環境是打拚及主導能力很強，會用較文質和有氣質的方法去賺錢得財，但財仍不算豐裕的環境。你的環境所吸引來的人，也是這種意志力很強，很愛管事做事，做事有自己獨特見解，並不是所有的錢都愛賺，而是有些清高思想的，要用有氣質的手法來賺錢的。縱使是賺錢不多，會產生破耗的狀況，也在所不惜的來做事的人。更表示你的環境所吸引來的人，是大而化之，為了面子或好看，而強力要破耗、花錢的人。

第五節　天同星為周圍環境時，你會如何看人

天同為遷移宮時，你會如何看人

天同為遷移宮時，表示你周圍的環境是溫和、平順，沒有漣漪、激奮，也沒有任何衝突、剋害、凶惡的狀況。是可以偷懶、享福，每日輕鬆過日子，不用大腦也不會有惡事發生，可以慵懶、緩慢、優雅的生活，不被打擾，心地慈善，有愛心的環境。你的環境所吸引來的人，也是這種行動緩慢，生活步調慢，溫和，好脾氣，一生平順，心地好，常想逸樂，不積極奮發向上的人。

天同、擎羊為遷移宮時，你會如何看人

天同、擎羊為遷移宮時，表示你周圍的環境是表面溫和，但內在險惡的環境。在這個環境中，也容易在平順生活中突發傷災或禍事，而改善原先的好運及享福運氣的環境。你的環境所吸引來的人，也是這種表面溫和又帶有陰險意味，內心不善，會剋害你的人。也會是身體有殘障或頭腦、精神有問題的人。

天同、祿存為遷移宮時，你會如何看人

天同、祿存為遷移宮時，你周圍的環境是溫和、保守，有些小

氣，只顧自己，不顧別人，有些自私自利，只顧自己享福、享樂，不顧別人死活的環境。你的環境所吸引來的人，也是這種吝嗇小氣，外貌溫和、保守，對別人無多大利益的人。

天同、陀羅為遷移宮時，你會如何看人

天同、陀羅為遷移宮時，表示你周圍的環境是外表溫和，有些笨和行動緩慢，用腦不多，凡事有拖延、停滯現象，而造成是非困擾局面的環境。你的環境所吸引來的人，也是這種表面溫和，悶悶的、笨笨的，只想偷懶享福，能做的事不多，成就不好的人。

看人智慧王

天同、火星或天同、鈴星為遷移宮時，你會如何看人

天同、火星或天同、鈴星為遷移宮時，表示你周圍的環境是好似溫和，但會急躁、衝動，實際上也會常產生意外之災的環境。此為『福不全』的環境。你的環境所吸引來的人，容易是性格、行為不佳的人，或是常因衝動、意外遭災，生活不平順、聰明而辛苦的人及遭受傷殘的人。

天同、地劫或天同、天空為遷移宮時，你會如何看人

天同、地劫或天同、天空為遷移宮時，只有一個地劫或天空與

天同同宮時，會是在卯、酉、辰、戌等四個宮位出現。表示你周圍的環境是因思想清高，不實際而享不到福的環境。你的環境所吸引來的人，也是這種用腦不多，又思想不實際，財不豐，能力不強，打混過日子，自以為是享福的人。不過他們的性格倒是溫和，脾氣好的。

遷移宮有天同、地劫、天空同在巳、亥宮時，你周圍的環境是表面溫和，但空無一物的。同時也是根本享受不到錢財和運氣上的福報的環境的。你的環境所吸引來的人，也是這種表面溫和、頭腦空空，但什麼事也不做，問題多，但也毫不在乎的人。

天同、太陰為遷移宮時，你會如何看人

天同、太陰為遷移宮時，你是空宮坐命的人。**遷移宮在子宮**，

表示你周圍的環境是非常溫和、柔順、重感情，生活平穩、富裕，大家都溫柔慈愛的相互對待的環境。你的環境所吸引來的人，也都是這種性格溫和、重感情，生活富裕，無憂無慮的人。

遷移宮在午宮時，因同陰居平陷之位，故你周圍的環境是溫和但不富裕，比較窮。感情也較淡薄，不夠慈愛，人與人之間的關係也不太親密的。

同陰、擎羊為遷移宮時，你會如何看人

同陰、擎羊為遷移宮時，在子宮，你是壬年出生的人，你周圍的環境是表面溫和，略有財，但環境中有爭鬥、刑剋，讓你有一點頭痛的環境。你的環境所吸引來的人，也是表面溫和，講人情，對情計較、對錢財也計較，內心多思慮，稍微有些陰險意味的人。

遷移宮在午宮時，你若是丙年生的人，則遷移宮中有天同居陷化祿、太陰居平、擎羊。表示你周圍的環境是溫和，財不多，有些懶，有些愛玩，享不到福，環境中多糾紛、是非、爭鬥，是生活過得不算富裕，心情也不太好，身心都不算舒暢的環境。你的環境所吸引來的人，也是這種表面溫和，能力不強，帶有陰險、陰柔氣息，凡事不太順利，也不夠富足，喜歡偷懶和投機取巧的人。

遷移宮在午宮，若是戊年生的人，遷移宮中有天同居陷、太陰居平化權、擎羊。表示你周圍的環境是表面溫和，暗地裡爭鬥凶，女性想掌權管財物，但是能力不足又管不到，十分不痛快的環境。你的環境所吸引來的人，也是這種能力不強，愛計較，要管又管不到，卻又愛掌權管錢，這其中以女性最多，也以陰險的、財窮的人為最多數。

同陰、祿存為遷移宮時，你會如何看人

同陰、祿存為遷移宮時，在子宮時，是癸年生的人。遷移宮是天同居旺、太陰居廟化科、祿存。你周圍的環境是有些保守、內向、溫和、富裕，人際關係好，特別注重感情、感覺，生活是極為舒適的。你的環境所吸引來的人，也是這種溫和、內向、保守、重情義、人緣關係好，有富裕平穩生活的人。

遷移宮在午宮是丁年生人，遷移宮中有天同居陷化權、太陰居平化祿、祿存。表示你周圍的環境是保守、內向，財不多，喜歡享福，有點小財便滿足，人緣機會都不算太好，但仍想過平順生活的環境。你的環境所吸引來的人，也是這種能力不強，但喜歡主導事務，有自己特殊的個性，也能賺到小康生活、一板一眼的人。

遷移宮在午宮，是己年生的人，遷移宮是天同居陷、太陰居平、祿存。表示你周圍的環境是大致溫和、保守，財不多，能力不強，但能生活，有衣食的環境。環境中是具有自私、孤獨意味，感情較冷淡，生活也不算富裕的。你的環境所吸引來的人，也是這種注重自己，對別人較淡薄，本身財少，打拚能力不強，只是一板一眼用心過自己日子的人。

同陰、火星或同陰、鈴星為遷移宮時，你會如何看人

同陰、火星或同陰、鈴星為遷移宮時，在子宮時，天同居廟、太陰居廟、火星居陷。表示在你周圍的環境中是表面溫和、富裕，感情豐厚、享福，但性急、衝動，常因衝動而享不到福氣，也會耗

財多，或有意外之災，是有點『福不全』意味的環境。你的環境所吸引來的人，也是這種生活還富裕、平穩，但性急，偶而意外之災，或意外不順的人。

遷移宮在午宮時，天同居陷、太陰居平、火星居廟，因此火星的力量大。你周圍的環境是火爆、衝動、脾氣大，又財窮。凡事不順，又常有意外之災，或有刑剋傷殘現象的環境。你的環境所吸引來的人，也是這種財少，不富裕，脾氣壞，急躁，常發生意外事故或有傷殘現象的人。

同陰、地劫或同陰、天空為遷移宮時，你會如何看人

同陰、地劫或同陰、天空為遷移宮時，在子宮，表示你周圍的

環境是溫和、富裕，多情義，但思想不實際，容易耗財做一些不實際的事情，或為玩樂、享受、人情而不夠積極努力的環境。你的環境所吸引來的人，也是這種生活平順、不實際，也不想太努力，得過且過的人。**遷移宮在午宮**，表示你周圍的環境是溫和、懦弱、財窮、頭腦也空空，不實際、敏感性，人緣都差，能力也差的環境。你的環境所吸引來的人，也是這種財窮、又懶、又懦弱無能的人。

天同化權、太陰化祿為遷移宮時，你會如何看人

天同化權、太陰化祿為遷移宮時，是丁年生的人。**在子宮**，表示你周圍的環境是錢財富裕，人際關係特佳，能得到別人溫柔的對待，特別是女性的寵愛。並具有使一切平順祥和的掌控力量的環境。在這個環境中你非常享福，又享受富裕多金的生活，以及別人

十分的關愛。你的環境所吸引來的人，也是這種溫和、多情義，又有特殊的才能，自然而然的掌控祥順、富裕生活的人。

※**在午宮**（請看前面丁年生的人，同陰、祿存的部份）

天同化祿、太陰為遷移宮時，你會如何看人

天同化祿、太陰為遷移宮時，你是丙年生的人。在子宮，天同居旺化祿、太陰居廟。表示你周圍的環境是溫和、多情、人緣好、財旺、富裕，生活安逸的環境。你的環境所吸引來的人，也是這種溫和，長相柔美，生活甜蜜，錢財穩定，富裕，好享福，生活快樂的人。

※**在午宮**（請看前面丙年生的人，同陰、擎羊的部份）

天同、太陰化忌為遷移宮時，你會如何看人

天同、太陰化忌為遷移宮時，在子宮，乙年生的人，你周圍的環境是溫和的，但和女人不和。有衣食之祿，也會有錢財上是非困擾的環境。你的環境所吸引來的人，是溫和，頭腦不清，錢財上多是非糾紛的人。

庚年生的人，遷移宮在子宮時，有天同居旺化科、太陰居廟化忌。表示你周圍的環境是溫和、斯文有氣質，但和女性不和，也會有金錢上的是非糾紛，生活還是過得去的。你的環境所吸引來的人，是溫和、斯文，但錢財有麻煩的人。

遷移宮在午宮時，乙年生的人，你周圍的環境是溫和、懦弱，頭腦不清，財窮，又多錢財上的是非糾紛，生活不順暢，也和女性有是非糾紛的狀況。你的環境所吸引來的人，也是這種頭腦不清，

和女性、錢財都有糾紛，生活較窮困，能力很差的人。**庚年生的人，遷移宮在午宮**有天同居陷化科、太陰居平化忌，表示你周圍的環境是溫和，稍具文質氣質，但較窮，又多錢財是非，和女人不和，也有糾紛發生的狀況。你的環境所吸引來的人，也是這種表面溫和，好像有氣質，但實際是生活不富裕，常有金錢糾紛，以及和女性之間有糾紛的人。

天同、天梁為遷移宮時，你會如何看人

天同、天梁為遷移宮時，表示你周圍的環境是溫和、脾氣好、人緣好、沒脾氣，喜歡享福，有些慵懶，不夠奮發，積極。**遷移宮在寅宮時**，表示你周圍的環境，中常有長輩和貴人在照顧你，雖然愛玩，但仍會聽從長輩的話，努力向上。你昀環境所吸引來的人，

也多半是具有溫和性格，好脾氣，有長輩緣，貴人緣的人，以及口才好，討人喜歡，由其是和女性的關係猶佳的人。**遷移宮在申宮**，你周圍的環境是溫和，愛享福、愛玩、脾氣好，有點孩子氣，愛撒嬌，不積極，也不愛負責任的，因為天同居旺，天梁陷落的關係，在你的環境中是與長輩緣，貴人緣絕緣的，也與女性的關係不算很好。會因愛玩偷懶而不積極。性格懦弱，但可平順過生活。你的環境所吸引來的人，也是這種溫和、好脾氣、性格懦弱，只想平順過日子，愛享福、玩樂的人。

同梁、祿存為遷移宮時，你會如何看人

天同、天梁、祿存為遷移宮時，是甲年和庚年生的人會遇到的。

看人智慧王

甲年生的人，遷移宮會在寅宮，你周圍的環境是表面溫和，好脾氣，但有些保守的，性格較自私，膽怯的，不太會向外發展。雖有長輩緣和貴人緣，但所得到的照顧不多，只有少數的幾人在照顧你。整個環境有自閉的形式，守住一點小財，自謀生活的形式。你的環境所吸引來的人，也是這種保守、溫和、範圍狹小，走不出去，不會向外發展的人。

庚年生的人，遷移宮會在申宮，有天同化科、天梁、祿存。表示你周圍的環境是溫和有氣質、愛玩、脾氣好，孩子氣，愛撒嬌，有些懦弱，較無長輩緣和貴人緣，保守、內向的環境。生活只求安逸，更是活在自己的小天地之中。你的環境所吸引來的人，也是這種溫和、幼稚，有些懦弱、脾氣好，有自己特殊的興趣，不太與人來往，自己生活得很好的人。

同梁、陀羅為遷移宮時，你會如何看人

同梁、陀羅為遷移宮時，是乙年和辛年生的人。

辛年生的人，遷移在申宮有同梁、陀羅，表示你周圍的環境是溫和、懦弱、愛玩、孩子氣，又有笨拙、不聰明、懶惰，沒有成就，多是非的環境。你的環境所吸引來的人，也是這種表面溫和，愚笨，多是非，只會玩，偷懶，做不好事情的人。

乙年生，遷移宮在寅宮時，有天同、天梁化權、陀羅。表示你周圍的環境是表面溫和，但意志力強悍，雖有時有些悶悶的，頑固又笨的，但喜歡管事、掌權，會強力照顧別人，也會得到長輩和貴人的大力輔助，比較容易有成就，工作能力也較強。你的環境所吸引來的人，也是這種表面性格溫和，頑固，但願意負責任、能擔當，能做一些大事的人。

看人智慧王

同梁、火星或同梁、鈴星為遷移宮時，你會如何看人

同梁、火星或同梁、鈴星為遷移宮時，表示你周圍的環境是急躁、火爆、表面溫和，但是非爭鬥多的，也容易有意外災害的。**在寅宮**，會影響長輩緣和貴人運，變得較無人輔助、照顧了。**在申宮**，會生活多波折，享不到福。你的環境所吸引來的人，也是這種急躁、衝動，凡事少根筋，粗躁、馬虎，成就不了大事的人。

同梁、天空或同梁、地劫為遷移宮時，你會如何看人

同梁、天空或同梁、地劫為遷移宮時，其人的命宮會出現另一

顆地劫或天空是遙遙相對。你周圍的環境是溫和、沒脾氣，少用腦子，思想不實際，凡事無所謂，不在乎的環境。你的環境所吸引來的人，也是這種毫不在乎，想有貴人運、長輩緣，也得不太到。愛享福、玩樂，也玩不到好玩的，又是打混過日子的人。

天同化權、天梁為遷移宮時，你會如何看人

天同化權、天梁為遷移宮時，你是丁年生的人。表示你周圍的環境是溫和、平順，有自然而然擺平一切不順利的主控力量，也能化解一切是非災禍的力量。**在寅宮時**，環境中的貴人多一些，長輩緣好一些。**在申宮**，較無長輩緣和貴人運。你的環境所吸引來的人，也是能力較強，不會偷懶，愛負責任，常有好命、好運來促使你更上一層樓的好事。也會吸引非常慈善心的人來幫助你多做善事。

看人智慧王

天同化祿、天梁為遷移宮時，你會如何看人

天同化祿、天梁為遷移宮時，你是丙年生的人。你周圍的環境是溫和、人緣好、享福多一些，玩樂機會多一些，一切平順，人人對你好的環境。你的環境所吸引來的人，也是有小康環境，脾氣好，愛玩，愛享福，生平無大志，一切平順生活的人。

天同、天梁化祿為遷移宮時，你會如何看人

天同、天梁化祿為遷移宮時，表示你周圍的環境是溫和、好命的，會做一些事讓你有其他負擔的。你的長輩和貴人也會對你的照顧，也讓你有負擔的。環境中有較自私自肥的傾向，好處不願讓別人來沾。你的環境所吸引來的人，也是這種外表溫和，但抱有私意

的人，同時也是會造成別人幫他反而會帶給他不便的人。

天同、巨門為遷移宮時，你會如何看人

天同、巨門為遷移宮時，表示你周圍的是表面溫和，但內在是非多，口舌災禍不斷，但都是小的口舌之災，小麻煩，彼此相擾。同時也是懶惰，不積極，沒有上進心和能力的環境。你的環境所吸引來的人，也是這種能力不強，又會用口舌是非來掩飾行藏的人。

同巨、擎羊為遷移宮時，你會如何看人

同巨、擎羊為遷移宮時，是丁年和己年、癸年生人會遇到的。

丁年生的人，遷移宮在未宮，有天同化權、巨門化忌、擎羊。

你周圍的環境是表面溫和、懦弱，但內在是非、爭鬥多，且有傷殘現象，有血光和手術開刀等事件，也容易有受災死亡等現象，要十分小心。你的環境所吸引來的人，也是這種表面溫和，內在是非、爭鬥、陰險、頭腦不清、傷災不斷、運氣不好的人。

己年生的人，遷移宮在未宮，有同巨、擎羊。你周圍的環境是表面溫和、懦弱，但內在陰險，多是非爭鬥、刑剋，也會有傷災、血光而致命。你的環境所吸引來的人，也是這種對人無益，表面溫和，但常暗中爭鬥，或帶傷災、不吉的人。

癸年生的人，遷移宮在丑宮，有天同、巨門化權、擎羊。表示你周圍的環境是表面溫和，內在爭鬥多，而又喜歡用口舌是非的方法來管別人，來掌控權力，但能力不足，管也管不好。更是一團亂，爭鬥更凶。你的環境所吸引來的人，也是這種容易引起更大是非爭鬥的人。

看人智慧王

同巨、陀羅為遷移宮時，你會如何看人

同巨、陀羅為遷移宮時，你的周圍環境中是表面溫和、懦弱、又笨、能力差，暗中是非爭鬥不停，只會製造麻煩不順，而不能解決問題的環境。你的環境所吸引來的人，也是這種頭腦笨，表面懦弱，能力差，但最會惹是非麻煩，對人毫無利益的人。

同巨、火星或同巨、鈴星為遷移宮時，你會如何看人

同巨、火星或同巨、鈴星為遷移宮時，你周圍的環境是表面溫和、懦弱，但性急、衝動、是非多、爭鬥凶，會有意外傷災、災禍

不斷，也會有傷殘現象的環境。你的環境所吸引來的人，也是這種表面溫和，但實質脾氣不好，能力也不佳，常無緣無故發脾氣，又愛是非爭鬥不停的人。

看人智慧王

同巨、天空或同巨、地劫為遷移宮時，你會如何看人

同巨、天空或同巨、地劫為遷移宮時，你周圍的環境是溫和、很靜，沒有口舌是非，也腦袋空空，什麼事也做不成的狀況，所以偶而還會希望有一些口舌是非發生，才會稍有變化。你的環境所吸引來的人，一種是沒大腦，思想不實際，能力又不佳的人。一種是具有口舌是非，麻煩不斷、不負責任的人。

天同化祿、巨門為遷移宮時，你會如何看人

天同化祿、巨門為遷移宮時，你是丙年生的人。你周圍的環境是溫和、是非多，喜歡玩樂享受，沒能力做正事的環境。你的環境所吸引來的人，也是這種自以為人緣很好，愛享樂，有口舌是非，做正事做不成的人。

天同、巨門化祿為遷移宮時，你會如何看人

天同、巨門化祿為遷移宮時，你是辛年生的人。你周圍的環境是溫和，多是非，巧言令色，愛巧辯，會用口才來討好別人得利的環境。你的環境所吸引來的人，都是長相溫和，口才好，也可能會騙人，沒有真才實學的人。

第六節　廉貞星為周圍環境時，你會如何看人

廉貞單星為遷移宮時，你會如何看人

廉貞單星為遷移宮時，廉貞居廟在寅、申宮。表示你周圍的環境是暗中做有計劃的爭鬥的環境，環境中充滿了爾虞我詐的狀況。你的環境所吸引來的人，也都是這種剛烈，性子慢，凡事愛做計劃，愛爭鬥不停的人。同時他們也會用人際關係來拉攏別人成為同一戰線的人。

廉貞、祿存為遷移宮時，你會如何看人

廉貞、祿存為遷移宮時，是庚年生的人，**遷移宮在申宮**，你周圍的環境是保守、內向，喜歡做暗中企劃來與人爭鬥的環境，人緣關係不算好，生活節儉，只有衣食之祿。你的環境所吸引來的人，也是這種保守、吝嗇，人緣不佳，心中有許多計謀，內心不平靜的人。

廉貞化祿、祿存為遷移宮時，你會如何看人

廉貞化祿、祿存為遷移宮時，你是甲年生的人，遷移宮在寅宮。你周圍的環境是保守、內向，有些小氣，但對自己大方，有特

殊喜好，例如好色或蒐集嗜好等等。也會有稍富裕的生活，凡事喜做計劃，在人緣關係上略好，也會運用人緣關係來賺錢。你的環境所吸引來的人，也是較自私，凡事愛計劃，並會用人際關係來得利的人。

廉貞、陀羅為遷移宮時，你會如何看人

廉貞、陀羅為遷移宮時，表示你周圍的環境是好爭鬥，凡事慢半拍，腦子笨，又喜歡計劃，但常因拖拖拉拉的關係，而無法付諸實行。你的環境所吸引來的人，也是這種性格悶，腦子笨，多想，實行動力不佳，頑固，做事有瑕疵，成就不高的人。

廉貞、火星或廉貞、鈴星為遷移宮時，你會如何看人

廉貞、火星或廉貞、鈴星為遷移宮時，表示你周圍的環境是爭鬥多，性急、衝動、火爆，不顧一切愛拚，但總有意外之災發生，所做的計劃常泡湯的狀況的環境。你的環境中也常易有火災、車禍發生。你的環境所吸引來的人，也是這種衝動、好鬥、火爆、脾氣壞，成事不足，敗事有餘的人。

廉貞、天空或廉貞、地劫為遷移宮時，你會如何看人

廉貞、天空或廉貞、地劫為遷移宮時，你的命宮會有另一個地

劫或天空星，相互對照。你周圍的環境是常用不實際的計劃來做事的環境，因此常常什麼也做不成。你的環境所吸引來的人，也是這種好像做了計劃，但無法實行，好像人際關係很好，但都派不上用場，幫不上忙的人。

廉貞化忌為遷移宮時，你會如何看人

廉貞化忌為遷移宮時，你是丙年生的人。你周圍的環境是人緣不好，是非爭鬥特別凶，有官非糾纏，頭腦不清，智慧不足的環境。你的環境所吸引來的人，也是好鬥，是非，官司糾纏不清，頭腦不清楚的人。

廉貞、七殺為遷移宮時，你會如何看人

廉殺為遷移宮時，表示你周圍的環境是智慧不高，用勞力打拚，刻苦耐勞，節儉成性，只會苦做蠻幹，用腦不多，辛苦而成的環境。通常也是不富裕，屬於勞工階級，或是軍警界、薪水階級的環境。你的環境所吸引來的人，也是這種智慧頭腦不好，但能刻苦耐勞，節儉，肯做事，運氣也不十分好的人。

廉殺、擎羊為遷移宮時，你會如何看人

廉殺、擎羊為遷移宮時，表示你周圍的環境是好爭鬥，不聰明，用蠻力爭鬥，十分辛苦，阻礙又多，讓人煩惱，帶有痛苦意味

的環境。在這個環境中，極容易因交通事故而喪生，要小心。你的環境所吸引來的人，也是這種頭腦不好，肯打拚，又帶有陰險，常對人不利、愛欺負人的人。

廉殺、陀羅為遷移宮時，你會如何看人

廉殺、陀羅為遷移宮時，表示你周圍的環境是智慧不高，特別笨，頑固，專做一些沒有用的蠻幹努力，製造一些是非困擾，把問題弄得更複雜，情況更壞。同時也會拖拖拉拉，什麼也做不好，而專用是非糾紛來掩飾。你的環境所吸引來的人，也是這種腦子笨、頑固不化，又自以為是，能力極差的人。

廉殺、火星或廉殺、鈴星為遷移宮時，你會如何看人

廉殺、火星或廉殺、鈴星為遷移宮時，表示你周圍的環境是爭鬥多，競爭激烈，火爆、衝動、邪惡的。所有的爭鬥都是一觸即發的，也是常有意外衝突，意外災禍的。在你的環境中容易起火災和車禍，或突發械鬥之事，不是正派的環境。你的環境所吸引來的人，也是這種不用大腦、好鬥逞凶之人。

廉殺、天空或廉殺、地劫為遷移宮時，你會如何看人

廉殺、天空或廉殺、地劫為遷移宮時，你周圍的環境是頭腦空

空、不實際，性格懦弱，打拚能力不強，也不知該如何打拚？每日忙東忙西，空忙一場，沒有成果，也享受不多的環境。你的環境所吸引來的人，也是智慧不高，用腦不多，性格懦弱，表面上很努力打拚，但一生無成就，無成果的人。

廉貞化祿、七殺為遷移宮時，你會如何看人

廉貞化祿、七殺為遷移宮時，是甲年生的人會遇到的。

遷移宮在丑宮時，有廉貞化祿、七殺、陀羅，表示你周圍的環境是保守的，有點悶悶、不開朗的，也會頑固，笨一點，蠻幹，不接受別人意見的，但仍能稍具人緣，有自己特殊精神上享受的環境。你的環境所吸引來的人，也是這種頭腦不靈光，但有自己特殊

癖好，自食其力的人。

遷移宮在未宮時，有廉貞化祿、七殺。你周圍的環境是保守而稍具人緣桃花，努力打拚，重視自己特殊精神享受，及具有桃花運的環境。你的環境所吸引來的人，也是這種保守，為財苦幹、實幹，有一些桃花運，也會有特殊精神享受的人。

廉貞化忌、七殺為遷移宮時，你會如何看人

廉貞化忌、七殺為遷移宮時，你是丙年生的人。你周圍的環境是頑固、頭腦不清，常有是非紛爭，亦會有官司糾纏，拚命努力打拚，沒有方向目標的環境。你的環境所吸引來的人，也是這種頭腦不清，官司、糾紛都很多，每日忙不停，卻也解決不了的人。

看人智慧王

廉貞、天相為遷移宮時，你會如何看人

廉貞、天相為遷移宮時，表示你周圍的環境是不算很聰明，但老實，一板一眼，能理財，能解決事情，喜愛平靜無波的生活，不喜歡有紛爭的環境。你的環境所吸引來的人，也是外貌像老好人一樣，能解決事情，能幫助別人解決問題，理財能力也不錯，別人也能為你所用，生活平順、享福的人。

廉相、擎羊為遷移宮時，你會如何看人

廉相、擎羊為遷移宮時，是『刑囚夾印』的惡格，你的環境是懦弱，常受人欺侮，沒主見、沒能力，也無法掌權做主的環境。

丙年生的人，遷移宮在午宮時，有廉貞化忌、天相、擎羊時。表示你周圍的環境是有血光、開刀、傷災、傷殘現象，需要多次開刀、縫合、修補的。另外也表示你周圍的環境是懦弱無用，又有很多是非，官司糾纏不清的。你的環境所吸引來的人，也是這種血光、開刀很多，需要縫補癒合，或是是非災禍多，又導致傷災流血的。一生都無法平順過日子的人。

戊年生的人，遷移宮在午宮、以及壬年生，遷移宮在子宮時，環境就是懦弱，受欺凌的環境，女子易受強暴。男子一生抑鬱寡歡，多煩惱，無成就，你的環境所吸引來的人，也是性格懦弱、陰險，扶不起的阿斗人物，膽小怕事，沒有擔當，不負責任的人。

廉貞、天相、祿存為遷移宮時，你會如何看人

廉貞、天相、祿存為遷移宮時，你周圍的環境是保守、乖巧、內向，稍具財祿，喜歡享福，生活過得不錯的環境。你的環境所吸引來的人，是脾氣好，保守、內向，生活富裕，能享到福氣的人。

廉相、火星或廉相、鈴星為遷移宮時，你會如何看人

廉相、火星或廉相、鈴星為遷移宮時，表示你周圍的環境是表面溫和、內心急躁、衝動、有福享不到，本身並不特別聰明，但會有古怪思想，自以為聰明的環境。你的環境所吸引來的人，也是這

種終日忙碌，常因急躁、衝動、而有意外之災，傷災不吉等現象的人。

廉相、地劫或廉相、天空為遷移宮時，你會如何看人

廉相、地劫或廉相、天空為遷移宮時，表示你周圍的環境是溫和，但思想不實際，做事的能力和享福的程度，也是因頭腦的想法接不接近實際狀況而定的。思想較實際時，享福多，做事能力也好。反之則差。你的環境所吸引來的人，也是這種思想飄忽不定，有時不實際，有時又能做事，又能享福的人。

看人智慧王

廉貞化祿、天相為遷移宮時，你會如何看人

廉貞化祿、天相為遷移宮時，表示你周圍的環境是溫和，做人圓滑，人緣好。也會用人緣關係來賺錢，很會享受，不論是衣食方面、或男女情愛方面的享受都很愜意。你的環境所吸引來的人，也是這種喜歡享受吃喝玩樂，人緣很好，不會得罪人的人。

廉貞、天府為遷移宮時，你會如何看人

廉貞、天府為遷移宮時，表示你周圍的環境是注重人際關係，喜好存錢、賺錢，有些小氣、吝嗇，但生活富足，不需用腦太多的環境。你的環境所吸引來的人，也是這種生活富裕，善於交際應酬，精於計算錢財，有些小氣的人。

廉府、擎羊為遷移宮時，你會如何看人

廉府、擎羊為遷移宮時，表示你周圍的環境是生活還可以，但錢財不多，又常有爭鬥、競爭，賺錢沒那麼順利了。而且這個環境中是容易發生車禍和交通事故而有血光之災的環境。你的環境所吸引來的人，也是只有一般衣食之祿，不聰明又較陰險的人，他們會剋害你，對你的益處無多。

廉府、陀羅為遷移宮時，你會如何看人

廉府、陀羅為遷移宮時，壬年生的人，遷移宮在戌宮，表示你周圍的環境中是性子慢，頭腦不太聰明，雖略能存錢，但做事拖拖

拉拉，凡事慢半拍，也容易有是非困擾的環境。你的環境所吸引來的人，也是這種笨又慢，是非困擾多一些，雖保守，會存一些小錢，但耗財也不少，常有一些災禍發生的人。在你的環境中也易有交通事故的傷災發生。

丙年生的人，遷移宮中有廉貞化忌、天府、陀羅在辰宮，表示你周圍的環境中是頭腦不清，是非災禍不斷，官司糾紛不停，頭腦笨，無法躲避災禍或解決問題，存有一點錢財，也容易耗光的環境。你的環境所吸引來的人，也是這種頭腦不清，對某些事物特別吝嗇小氣，想不開，頭腦笨，容易招惹官非，糾紛上身，又無法解決的人。同時你的環境也容易招來血光、傷災，要小心。

廉府、火星或廉府、鈴星為遷移宮時，你會如何看人

廉府、火星或廉府、鈴星為遷移宮時，表示你周圍的環境是性急、衝動，雖稍有積蓄，但會因性急、衝動而損失，或有爭鬥、競爭，而消耗財祿的環境。你的環境所吸引來的人，也是這種表面穩重、內心急躁、衝動，常會因此而耗財，或有意外之災的人。

廉府、地劫或廉府、天空為遷移宮時，你會如何看人

廉府、地劫或廉府、天空為遷移宮時，表示你周圍的環境是表

面上溫和、富裕，但思想有不實際的地方，也容易耗財或存錢不易。你的環境所吸引來的人，也是這種性子慢，常有思想不實際，不算聰明，還能一板一眼做事的人。

看人智慧王

廉貞化祿、天府為遷移宮時，你會如何看人

廉貞化祿，天府為遷移宮時，是甲年出生的人。你周圍的環境是生活富裕，人緣好，特別重視交際應酬，又有自己特殊癖好，生活舒適，愉快的環境。你的環境所吸引來的人，也是這種以交際應酬為生活重點，生活富裕，重視物質享受的人。

廉貞、貪狼為遷移宮時，你會如何看人

廉貞、貪狼為遷移宮時，表示你周圍的環境是企劃能力及智謀不算好，人緣機會很差，多說少做，好高騖遠，運氣和實際努力都嚴重不足的環境。你的環境所吸引來的人，也是這種運氣差，人緣差，人見人厭，又沒有大用的人。

廉貪、祿存為遷移宮時，你會如何看人

廉貪、祿存為遷移宮時，在巳宮，有丙年生的人和戊年生的人。在亥宮是壬年生的人。

遷移宮在巳宮，丙年生的人，遷移宮中有廉貞化忌、貪狼、祿

存。表示你周圍的環境是極保守、內向、頭腦不清、生活清苦，又常有是非糾紛和官司纏身的環境。你的環境所吸引來的人，也是這種人緣不佳，較孤獨，仍免不了糾紛、災禍纏身困擾的人。你的磁場中也容易有血光之災，車禍傷災等問題。

遷移宮在巳宮、戊年生的人，遷移宮中有廉貞居陷、貪狼居陷帶化祿、祿存。在你周圍的環境中雖是有『雙祿』格局，但貪狼好運星居陷，好運及財祿也不強。你的環境中仍是保守的，財不多的，生活不富足，但人緣稍好一點，工作能力仍不強。是容易惹桃花所帶來的財的。你的環境所吸引來的人，是一般小市民的等級的人。也是智慧不高，人緣不算很好，能保守、吝嗇的賺自己的財祿，使生活稍微平順一點的人。

遷移宮在亥宮，壬年生的人，遷移宮中是廉貪、祿存時，表示你周圍的環境是性格保守，人緣、機會都不佳，小氣吝嗇，有些孤寒，令人討厭，環境不好，享受不多，也容易看人臉色，終日委曲的過日子，容易受人欺負的環境。你的環境所吸引來的人，也是吝嗇、沒人緣，對人態度不佳，品行不好，機運差的人。

廉貪、陀羅為遷移宮時，你會如何看人

廉貪、陀羅為遷移宮時，在巳宮是丁年，己年生的人。在亥宮是癸年生的人。

在巳宮、丁年生的人，遷移宮是廉貪、陀羅。表示你周圍的環境是頭腦笨，又沒人緣，沒好運機會，又會自作聰明，貪圖色情享受的環境。你的環境所吸引來的人，也是這種水準不高，笨的，好

色之徒，專幹一些見不得人的色情之事。女性有此遷移宮，在你的環境中是極易被強暴，有不名譽的事件，或在聲色場所討生活的人。男子有此遷移宮，也容易一生在社會低層、色情場所討生活。

在巳宮，己年生的人，遷移宮是廉貞、貪狼化權、陀羅。表示你周圍的環境是層次低，又笨，但性格凶悍，沒有智慧和好運，但又強力要掌權主控，來管事，結果仍是管不到，也無法掌控權力。人緣也差，更容易貪圖色情方面的享受而不吉。你的環境所吸引來的人，也是這種強悍，又笨，愛佔便宜，品行不佳，人緣和運氣都不好，又好色情娛樂的人。

在亥宮，癸年生的人，遷移宮中有廉貞、貪狼化忌、陀羅。表示你周圍的環境是智慧不高，人緣不好，保守，運氣更差，會因為色情問題遭災，或被強暴有生命危險的環境。你的環境所吸引來的人，也是層次不高，不吭聲，頭腦笨，但會欺侮別人的人。

廉貪、火星或廉貪、鈴星為遷移宮時，你會如何看人

廉貪、火星或廉貪、鈴星為遷移宮時，你周圍的環境是急躁、激進、衝動，人緣不好，但有暴發運的環境。雖然所暴發的好運機會和錢財並不太多，不會致富成為大富翁，但仍能讓你快樂一下。你的環境所吸引來的人，也是這種性急、馬虎、人緣不佳、衝動、品行也不太好的人。

廉貪、地劫、天空為遷移宮時，你會如何看人

廉貪、地劫、天空為遷移宮時，表示你周圍的環境是運氣空空，頭腦也空空，環境中非常不實際，凡事看空，但也會有超出常

人的智慧，能不計名利得失，做一些清高的，富於幻想性的工作。在這個環境中是近於佛道、宗教的環境。同時也是生命容易幻滅、失去的環境。你的環境所吸引來的人，也多半是一事無成，愛幻想，不顧別人的看法，獨豎一格，清高自在過生活的人。

廉貞化祿、貪狼為遷移宮時，你會如何看人

遷移宮有廉貞化祿、貪狼時，你周圍的環境是懦弱、諂媚別人，有自己特殊癖好，人緣雖仍不好，但會用諂媚手法去拉攏人的環境。運氣和智慧仍是不佳。你的環境所吸引來的人，也是善於諂媚、懦弱，人緣不算好，運氣低落，但有衣食的人。

廉貞、破軍為遷移宮時，你會如何看人

廉貞、破軍為遷移宮時，表示你周圍的環境是智慧不高，較窮困，又破破爛爛，破耗多。也可能是破碎不完整或髒亂不堪的。你的環境所吸引來的人，也是這種生活層次低，不平順，較窮困，或家庭破碎，或人生起伏大，有破產窮困現象的人。

廉破、擎羊為遷移宮時，你會如何看人

廉破、擎羊為遷移宮時，在酉宮，是庚年生的人。你周圍的環境呈現窮困、破爛、破耗多，又爭鬥多，競爭激烈的。同時也是原本已窮困的狀況下，又有許多尖銳的小洞，根本無法彌補鋪平時。你的環境所吸引來的人，也是這種性格大膽、品行不佳，又陰險狡詐的人。

遷移宮在卯宮，是甲年生的人，遷移宮中有廉貞化祿、破軍化權、擎羊。表示你周圍的環境是爭鬥多，競爭激烈，能用大膽強勢的意志力和主控的權力力量，以及稍許的人緣去破除萬難，拚命打拚的環境。你的環境中仍是不豐裕，多災多難的。你的環境所吸引來的人，也是性格強勢，帶有陰險的智謀，會與人爭鬥不停，做強烈競爭，拼個你死我活才肯罷休的人。

廉破、祿存為遷移宮時，你會如何看人

廉破、祿存為遷移宮時，是乙年和辛年生的人會遇到的。你周圍的環境是『祿逢沖破』的局面。是保守，不豐裕，但有衣食，仍是破破爛爛，境況不佳的環境。你的環境所吸引來的人，也是保守，性格懦弱，小氣、吝嗇，守住自己一點財過日子的人。

廉破、火星或廉破、鈴星為遷移宮時，你會如何看人

廉破、火星或廉破、鈴星為遷移宮時，你周圍的環境是爭鬥、火爆、不顧一切，會衝動的做要毀滅一切，或與石俱焚的爭鬥的環境。因此你的環境中是火藥味十足，又常是破破爛爛、窮困，有待復建的狀態。你的環境所吸引來的人，也容易是品行不良，脾氣火爆、衝動、窮困又好拚命，想跟人同歸於盡的人。

廉破、天空或廉破、地劫為遷移宮時，你會如何看人

廉破、天空或廉破、地劫為遷移宮時，表示你周圍的環境是所

有的物質生活都到達了最低的境界，人也是頭腦空空，不想實際有關於生存的事物，只想一些脫俗離塵的事情，因此容易接近宗教、入空門、修道、為僧，或做神職人員，或是某一宗教的忠實信徒。你的環境所吸引來的人，也是這種對俗世看淡，熱衷宗教的人。

廉貞化忌、破軍為遷移宮時，你會如何看人

廉貞化忌、破軍為遷移宮時，你是丙年生的人。你周圍的環境是頭腦不清，智慧低落，又處在爭鬥、是非多的環境中。同時也是生活困窘，又有是非、糾紛，官司纏身。在這個環境中，也極容易逢血光傷災而傷殘，一生運氣都不好，很惡劣。你的環境所吸引來的人，也是這種智慧不高，頭腦愚笨，不清楚，好鬥、窮困，又多惹是非、災禍的人。

廉貞、破軍化祿為遷移宮時，你會如何看人

廉貞、破軍化祿為遷移宮時，是癸年生的人會遇到的。你周圍的環境是智慧不高，但言行大膽，較窮困，粗魯，很喜歡花錢、耗財。想要花錢，就會想辦法去找到錢來花用的環境。你的環境所吸引來的人，也是這種大膽、不顧一切，生活不豐裕，但想花錢，就會想辦法找到錢來花的人。

第七節　天府星為周圍環境時，你會如何看人

天府單星為遷移宮時，你會如何看人

天府單星為遷移宮時，你周圍的環境是一種保守的、規距的，一板一眼的，輜銖必較的，很會理財、存錢的，必須用自己的勞力去一點一滴打拚建立和計算、儲蓄而成。表面上看起來你周圍的環境是一個財庫，但是財庫有大小，也有是否豐盈的問題。

遷移宮的天府在丑、未宮居廟時，表示周圍的環境是一個大財庫，最為豐盈。**遷移宮的天府在卯、巳、亥三個宮位居得地之位**，

表示周圍環境只是未裝滿、只裝了一半的普通大的財庫。**天府在酉宮居旺**，財庫有六、七分滿。因此遷移宮位置不同，其人的環境就有變化，所得到的待遇、感受就有不同。本身所吸引來的人也更有所不同。

遷移宮的天府在丑、未宮時，你的環境所吸引來的人，是理財、存錢第一厲害的人，也是一板一眼、保守、老實、吝嗇，有家產、生活豐裕、穩定的公務員生活型態的人。你的環境雖然有時也會吸引一些精打細算的生意人或有錢人來，但這些人總是在環境外圍打轉，很快的離去，不會到環境中間來。

遷移宮的天府在卯、酉宮時，你的環境所吸引來的人，也是保守、一板一眼、老實、會理財、愛存錢，性格小氣的，但是中、下階層，家財少，或沒有家財，生活僅有衣食而已，也可穩定生活，偏向勞工、軍警類別的公務員形態的人。

遷移宮的天府在巳、亥宮時，你的環境所吸引來的人，是保守、老實、會理財、愛存錢，性格小氣、吝嗇，但是中等階級，雖有家財，但家產少或不豐裕，會穩定生活，偏向做主管，略有小地位的公務員形態的人。

天府、擎羊為遷移宮時，你會如何看人

天府、擎羊為遷移宮時，你周圍的環境是陰險、多爭鬥、多計較，也無時無刻不在為爭財煩惱的，同時也是財庫有了小破洞，一直在漏失的。自然『天府、擎羊』在丑、未宮時，財多，雖有漏失，但總體剩餘的仍多。在酉宮，財稍少。在卯宮，財更少，總體

剩餘的也較少。因此賺錢、存錢也都是辛苦、存錢不易的。你的環境所吸引來的人：

遷移宮在丑、未宮時，表示你的環境所吸引來的人，也是陰險、強悍、有智謀、愛計較、好爭財，生活雖富裕，但理財能力有瑕疵，錢財會愈爭愈少的人。

遷移宮在酉宮時，表示你的環境所吸引來的人，是較前者更陰險，計較更凶，爭財更凶，生活小康，但理財能力不好，賺錢、存錢都會變少的人。

遷移宮在卯宮時，表示你的環境所吸引來的人，是陰險又較笨、愚鈍的人。也十分愛計較，因為財少而爭財，生活只有衣食而已，不是小康境界，理財能力極差，賺錢和存錢的能力都嚴重不足的人。

天府、陀羅為遷移宮時，你會如何看人

天府、陀羅為遷移宮時，你周圍的環境是悶悶的、笨笨的、強悍的、多暗中是非爭鬥的型態的。而且也是財庫被磨平有了漏洞，會漏失的。當『天府、陀羅』**在丑、未宮時**，雖有漏洞，總體剩餘的多，是非爭鬥的耗損，和嚴重性是稍微輕微的。**在巳、亥宮時**，因陀羅居陷，天府只在得地之位，因此是非爭鬥和耗損是較嚴重的。同時出現在你的環境周圍的人也是笨笨的，理財能力不佳，賺錢能力也較遜的人。你的環境所吸引來的人，也會是暗中和你搞是非、不合，頻頻阻礙你得財，腦子笨，頑固，做事笨拙，又拖拖拉拉，不乾脆，耗財較凶的人。

天府、祿存為遷移宮時，你會如何看人

天府、祿存為遷移宮時，會在卯、酉、巳、亥四個宮位出現。表示你周圍的環境是更為保守、內向、老實、一板一眼，更小氣、吝嗇、愛計較、人緣關係會不好，是個守財奴一樣的人。當『天府、祿存』**在酉宮，天府居旺時**，你是個較富有的守財奴。**在巳、亥宮為其次，在卯宮**，你則是個具有小資財，一般人，有衣食溫飽的守財奴而已。你的環境所吸引來的人，也和你一樣是個守財奴樣的人，也是保守、吝嗇、人緣不太好、重財輕友、自私自利的人。

天府、火星或天府、鈴星為遷移宮時，你會如何看人

天府、火星或天府、鈴星為遷移宮時，表示你周圍的環境是有一些財，表面保守，但內心急躁、衝動，會因急躁、衝動而刑財，使賺錢不順利，耗財多，存錢存不住的環境。同時也是有爭鬥、有意外之災、生活不穩定，或有財花不到的環境。你的環境所吸引來的人，也是這種表面溫和、老實，但內心急躁、花錢、耗財較快速、大方、存不了錢，又常有意外花費的人。

天府、地劫或天府、天空為遷移宮時，你會如何看人

天府、地劫或天府、天空為遷移宮時，你周圍的環境是外表看起來有財，或生活過得不錯，但實際常鬧窮，有財存不住，對錢財沒概念，不會理財的環境。你的環境所吸引來的人，也是這種外表富裕，腦子空空，沒有實際理財能力，存不住錢或根本沒錢可存的人。

第八節　太陰星為周圍環境時，你會如何看人

太陰單星居廟或旺為遷移宮時，你會如何看人

太陰單星居廟為遷移宮時，是坐於亥宮。太陰單星居旺，是坐於酉宮、戌宮。表示你周圍的環境是富裕、溫暖、溫和，有人情味。周圍的人都是溫柔、多情的相待，情意綿綿，非常體貼入微，敏感性強，包容性強，有一定的行事規範，生活平穩、富足，會有積蓄、房地產，家產不少，善於理財、存錢，在銀行中有存款的環境。你的環境所吸引來的人，也是這種講究人情世故，愛談感情，

重情不重理，愛談戀愛，生活富裕，有家財、存款的人。

太陰單星居平、居陷為遷移宮時，你會如何看人

遷移宮是太陰單星居平，是坐於巳宮，太陰單星居陷，是坐於辰宮、卯宮。表示你周圍的環境是較窮，生活不富裕，雖溫和，心情不好，情感淡薄，敏感性也減弱，不夠溫暖。周圍的人都是臉色不太好，常有氣無力，怪里怪氣，對人冷淡，不太搭理人的。同時也是賺錢、理財能力都不好，沒有家產、房地產，也可能是家財、房地產較破舊、較小，不值錢的。你的環境所吸引來的人，也是這種常心情起伏很大，心情不好，對人不太搭理，賺錢、存錢能力不強，財運不順利的人。

太陰、擎羊為遷移宮時，你會如何看人

太陰居旺、擎羊為遷移宮時，是在酉宮、戌宮。你周圍的環境是財多一些，但爭鬥多、競爭凶，因此是『刑財』格局。會使環境中的財變少，或有災禍、耗財的現象，因此你的享用就少了。而且常有是非紛爭，讓人頭痛。你的身體也常有病痛、血光、傷災、傷殘現象，這全是受到刑剋的現象。你的環境所吸引來的人，也是這種表面溫和，但內心陰險，處處對你有限制會剋害，使你不順或使你的錢財變少的人。同時他們也是不講情份，對你較凶，不友善的人。

太陰居陷、擎羊為遷移宮時，是在卯宮、辰宮。你周圍的環境是較窮又多是非、爭鬥、刑剋的環境。環境中的人是陰險又窮凶極惡的人，和女性不合，對人冷淡、不友善、毫不講人情、情面。或

是會製造災禍、是非、病痛、傷殘現象，使你在生活中更是辛苦、艱難。你的環境所吸引來的人，也是這種對人冷淡、凶惡、窮困又侵略性強，頻惹是非災禍的人。

太陰、陀羅為遷移宮時，你會如何看人

太陰居旺、陀羅為遷移宮時，會在戌、亥宮出現。表示你周圍的環境是溫和，有點悶的，內心有豐富情感和女性親密，但表現是笨拙、緩慢的，富裕的，但理財能力不佳，也會有耗財現象的。環境中也會有暗中是非爭鬥的，也會有時造成得財和存錢不順的現象。你的環境所吸引來的人，也是這種用笨的方法來表達感情，心中多是非，理財能力不算好，但生活還平順、富足的人。

遷移宮是太陰居平、居陷、陀羅時，會在巳宮、辰宮。表示你

周圍的環境是既窮又笨，情份又不好，冷酷無情，和女性不和，多是非紛爭，做暗中爭鬥的。你的環境所吸引來的人，也是這種頭腦笨，又不會察言觀色，對人又冷淡，沒禮貌，能力差，學習能力不強，人緣差，又頻頻製造是非，財運又不順的人。

太陰、祿存為遷移宮時，你會如何看人

遷移宮是太陰居旺、祿存時，是在酉宮、亥宮會出現。表示你周圍的環境是保守、內向、講究情緣，和女性特別親密，生活富裕，做事規規矩矩，有點小氣，愛存錢、賺錢，小心翼翼的環境環境。你的環境所吸引來的人，也是保守、內向、內在感情充沛，生活富足，愛存錢，有資產的人。

遷移宮是太陰居平、居陷、祿存時，是在巳宮、卯宮會出現。

表示你周圍的環境是和女性不和，財少，但有衣食，保守、內向、小氣，愛存錢，但存的少，心情常起伏，感情不順。你的環境所吸引來的人，也是這種保守小氣，人緣不好，特別是和女性不合的人。

太陰、火星或太陰、鈴星為遷移宮時，你會如何看人

太陰、火星或太陰、鈴星為遷移宮時，在亥、酉、戌宮，表示你周圍的環境是略富裕的環境，但會因性急、衝動而耗財，也會因感情衝動或感情上之突發事件而損失。你的環境中是聰明、敏感力強，愛好時髦，常有意外古怪聰明而導致損失的狀況。同時也是在錢財具有爭鬥、競爭激烈狀況的環境。你的環境所吸引來的人，也

▽ 看人智慧王

是這種表面溫和，但性格衝動，有財也留不住，在賺錢上多紛爭和爭鬥的人，你的環境會吸引如此狀況的女人較多。

在卯、辰、巳宮時，表示你周圍的環境是較窮，又紛爭多，錢財不順，和女性不合。又常因急躁、衝動，更賺不到錢、存不了錢。你的環境是智慧不高，較魯莽的環境。你的環境所吸引來的人，也是窮又衝動，笨又急躁，理財能力不佳，是非紛爭又多，尤其是和錢財和女性的問題最多。

太陰、地劫或太陰、天空為遷移宮時，你會如何看人

太陰居旺、地劫或太陰居旺、天空為遷移宮時，會在酉宮、戌

宮出現。表示你周圍的環境是表面上富裕，但內在不充實，有空虛現象，也耗財多，容易成空。在情感方面也是表面溫和多情，內在空泛虛假的。和女性親密，但女性是無助力的，關係較遠的。你的環境所吸引來的人，也是這種看似富裕，卻財產不多，只有衣食而已。對人表現親熱，但接觸不深，和女性親蜜，但彼此無助力的人。

遷移宮有太陰居陷、地劫或太陰居陷、天空時，是在辰宮、卯宮出現。表示你周圍的環境是既窮又空的環境。環境中思想不實際，看不到財，也沒有人緣，對人冷淡、寡情，女性是更無助力的。你的環境所吸引來的人，也是麻木不仁，面無表情，較窮或笨的人。

太陰化權為遷移宮時，你會如何看人

太陰居旺化權為遷移宮時，表示你周圍的環境是女性當家做主掌權，女性在管理所有的財政，掌握財產和經濟大權。環境非常富裕有錢。而且你花得到錢，也能主宰錢財，更能賺錢、存錢，擁有最高的管理及主控錢財的力量。你和女性較親密，也能運用感情來打動女性。女性亦對你有絕對的影響力。你的環境所吸引來的人，也是這種有錢、有勢、有能力，又講感情，會掌控一切的女性為較多數。

太陰居平、居陷帶化權為遷移宮時，表示你周圍的環境是比較窮、又愛做主掌財權，但掌握不到。理財能力不好，人際關係差，存錢存不太到。和女性的關係也不好，只會引起煩感，敏感力差，察言觀色的能力差，感情淡薄。你對女性，和女性對你的影響力不佳但仍有，是引起不悅、煩感而已。你的環境所吸引來的人，也是這種愛管事又管不好、管不到，較窮，人緣差，不識相的人。

太陰化祿為遷移宮時，你會如何看人

太陰居旺化祿為遷移宮時，表示你周圍的環境是生活富裕、錢財富足，和女性緣深。女性會幫你賺錢，帶財給你。同時環境中也是情感充沛、愛談戀愛，處處講究情份，用情份來做事賺錢，可存很多錢，善於理財、存錢。一生平穩、富足，生活快樂的環境。大家都寵愛你，給你很多情感和錢財上的優質條件。你的環境所吸引來的人，也都是這種富裕，懂得生活享受，又會愛人，及被寵愛、幸福快樂的人。

遷移宮有太陰居平、居陷化祿時，表示你周圍的環境是生活還過得去，但有衣食，人緣普通，但不太壞。能小小積蓄、存錢，有固定的收入。喜談戀愛，但未必會成功，有中、下層平順生活的環境。你的環境所吸引來的人，也都是這種有固定收入，愛人不深，人緣尚好，在生活和感情上都保持在低淺程度的人。

太陰化科為遷移宮時，你會如何看人

太陰居旺化科為遷移宮時，表示你周圍的環境是生活富裕，有氣質、有文化水準，在感情方面和做人處事方面都有方法和格調的環境。其中以和女性最相合，女性的素質也最高。你的環境所吸引來的人，也是有氣質，處事能力強，文化水準高，生活富裕，有情的人，其中以女性較為多數。

遷移宮是太陰居平、居陷帶化科時，表示你周圍的環境是較窮困，但有氣質的，也是對人冷淡，保持距離的。會用一些方法來做事，但格調並不太高。你的環境所吸引來的人，也是這種自命高尚，有氣質，但實際並不高，又在財運上很差，較窮，不富裕，會有固定收入，賺錢少的人。

太陰化忌為遷移宮時，你會如何看人

太陰居廟化忌為遷移宮時，在亥宮，雖說是『化忌不忌』，但你周圍的環境中是雖富裕，但有金錢紛爭，以及和女性有口角不合的狀況的。你的環境所吸引來的人，也是這種生活富裕有金錢和感情上困擾的人。

太陰居旺化忌為遷移宮時，在酉、戌宮，你周圍的環境是富裕的，但多是非糾紛，也多辛苦、不愉快，情緒起伏，有金錢上的爭執，和感情上受挫，也會和女性不合，煩惱多。你的環境所吸引來的人，也是日夜辛勞，情感和錢財不順，和女人多是非、相剋的人。

太陰居平、居陷化忌為遷移宮時，表示你周圍的環境是感情淡薄，相互仇視，有紛爭，或因錢財窮困而起的糾紛。和女性之間的問題更大。你的環境所吸引來的人，也是窮困，又愛搞是非，相互仇視，敵對的人，這其中以女性最麻煩。

第九節　貪狼星為周圍環境時，你會如何看人

貪狼單星為遷移宮時，你會如何看人

貪狼單星為遷移宮時，貪狼居廟時，會在辰、戌宮，貪狼居旺時，會在子、午宮。表示你周圍的環境是好運特別旺，又多。環境中是速度快，人緣好，機會多。但對人是表面好，內心並不真誠的，有時候也是冷淡的，漠不關心的。只重視自己的賺錢機會，和自己的利益，有屬於自己的快樂的環境。你的環境所吸引來的人，也是性急、速度快、人緣好、運氣旺，賺錢機會多，忙碌，無暇顧

及他人感受的人。

遷移宮是貪狼居平，在寅、申宮時，你周圍的環境是只有一點運氣，並不多，速度也不太快了，人緣也是普通不強的，機會也不算太多。內心對人更不真誠，更冷淡一些。你的環境所吸引來的人，也是凡事急沖沖、馬虎，做人做事都不夠謹慎，更不會顧及別人感受的人。

貪狼、擎羊為遷移宮時，你會如何看人

貪狼居廟、居旺、擎羊為遷移宮時，是在辰、戌和子、午宮會出現。表示你周圍的環境是較為保守的，好運機會是受到限制的，會變少了。你的環境中也是爭鬥多，有傷剋，煩惱和常使你頭痛現

象的狀況。你的環境所吸引來的人，是具有陰險智謀、凶悍，和時時會奪去你的好運機會，使你賺錢變少，旺運有停滯現象，或是會拖累你，對你不算友善的人。

貪狼、祿存為遷移宮時，你會如何看人

貪狼、祿存為遷移宮時，是在子、午、寅、申宮會出現。

遷移宮在寅、申宮時，是貪狼居平、祿存，表示你周圍的環境是保守的，只有一點好運和機會，有一般的生活之質，並不很富裕，人緣不太好，運氣增長的速度也不快，會較勞碌。你的環境所吸引來的人，也是性格保守、勞碌、人緣不太好，去賺一般普通人的財，有衣食之祿的人。

看人智慧王

遷移宮是貪狼化忌、祿存在子宮時，你周圍的環境是非常保守，看起來有運氣，但會有頭腦不清，或思想上想法有問題，而無法接收運氣。人際關係上也不好，會有一些是非糾紛，環境中的財也是薪水和衣食之祿而已。你的環境所吸引來的人，也是這種保守的、人緣、機會受限制的，運氣雖有一些但搞不清楚，實際上也無法感覺到運氣的人。

遷移宮是貪狼化祿、祿存在午宮時，你周圍的環境是有些保守、小氣，但人緣機會十分好，十分旺，生活富裕，喜歡賺錢，更會掌握賺錢機會的環境。你的環境所吸引來的人，也是這種運氣旺，愛賺錢，性格圓滑，又帶有保守、小氣的性格的人。

貪狼、陀羅為遷移宮時，你會如何看人

貪狼、陀羅為遷移宮時，是在辰、戌、寅、申宮。

貪狼、陀羅在辰、戌宮時，你的環境是好運旺，但又有些笨拙，想得多，或有是非，心情悶，而使好運拖拖拉拉，無法直接享受到好運，或有消耗，耗財較多，使運氣變得停滯或不順了。你的環境所吸引來的人，也是這種原本有好運，但會因笨拙、或心中多是非，而對好運感受不深刻的人。

貪狼、陀羅在寅、申宮時，你周圍的環境是好運平平，不多，只有一點點。腦子更笨，更耗財、困頓，運氣有停滯現象，多是非，也會在人緣上多爭鬥、糾紛。更會因笨想法，或貪便宜惹上色情麻煩。你的環境所吸引來的人，也是這種笨拙，運氣並不好，犯女色，惹是非或因色惹有官非的人。

看人智慧王

貪狼、火星或貪狼、鈴星為遷移宮時，你會如何看人

貪狼、火星或貪狼、鈴星為遷移宮時，你周圍的環境是急速、火爆、衝動、運氣好的。有暴發運，會暴發錢財，也要小心意外之災。你的環境所吸引來的人，也是這種急性、衝動、脾氣壞，做事急沖沖，又馬虎，運氣好的不得了的人。

貪狼、地劫或貪狼、天空為遷移宮時，你會如何看人

貪狼、地劫或貪狼、天空為遷移宮時，表示你周圍的環境是有

好運，但是你不一定看得到，不一定抓得到或掌握得到。也常會使好運平白溜走。你的環境所吸引來的人，也是這種腦袋空空，不實際，看起來有好運，但打混過日子，或表面圓滑，和人有距離的人。

貪狼化權為遷移宮時，你會如何看人

在辰、戌宮時，表示你周圍的環境是強勢、有好運，能掌握好運機會，也能主控好運機會的發展，能得到暴發錢財或事業上掌權及增高、一飛沖天的機會的環境。你的環境所吸引來的人也都是這種有好運，意志力堅定，性格強勢，有權勢、有地位、愛主導事物，會隨時把握機會的人。

在子宮時，表示你周圍的環境是強勢，有旺運，也能主導旺運發展，事業、生活都能達到高水準，能掌權，登上高位。你的環境所吸引來的人，也是這種氣宇軒昂、能幹，又有好運相隨，能主導一切事物的人。**在午宮**，有貪狼化權、祿存，在前面已講過了。

在寅、申宮，貪狼居平帶化權時，表示你周圍的環境是運氣只有一點，較普通，但仍強要掌權，故掌權及主控的力量並不強。但也能達到一些自已想要主控的事物。同時在這個環境中有人緣、機會也不是那麼強的。你的環境所吸引來的人，也是這種運氣並不太好，平平，但強力要爭權，或強力要掌控事物的人。這是有時可達到目的，有時會力不從心的人。

貪狼化祿為遷移宮時，你會如何看人

貪狼化祿為遷移宮時，在辰、戌、子宮時，表示你周圍的環境是人緣好、機會多、運氣很旺，好運機會多，而且多半是和錢財有關的好運機會。**在辰、戌宮時**，會形成『武貪格』有暴發運，會在錢財上暴發，主有大財富，**在子宮時**，則需對宮有火、鈴，形成『火貪格』才能暴發有大財富。否則只是一般的旺運機會。你的環境所吸引來的人，都是運氣極好，多財祿，人緣關係圓融，生活富裕舒適，常有突起好運的人。

在午宮，有貪狼化祿、擎羊，你周圍的環境是機運、人緣雖好，但有爭鬥和紛爭，也會有阻礙。因此好運機會和錢財獲得上都會打折扣的。你的環境所吸引來的人，也是這種善於競爭，稍有好運，但常用陰險煩惱於爭鬥上，故好運和賺錢機會上都受到剋制的人了。

在寅、申宮有貪狼化祿時，表示你周圍的環境是好運、財運只有一點，人緣還不錯。但注意力仍放在得財的機會。你的環境所吸引來的人，也是這種稍有好運機會和人緣，更不斷的，盡力在往錢財上找機會的人。

貪狼化忌為遷移宮時，你會如何看人

在辰、戌宮時，表示你周圍的環境是頭腦不清，是非糾纏多，運氣仍很旺，但會因思想的關係和保守而使好運阻塞，而無法承接好運。你的環境中速度也是慢半拍的，做事也不積極了，而且暴發運也不發了。你的環境所吸引來的人，也是這種保守、頭腦糊塗，常感覺不出好運在那裡，人緣機會都會很差的人。

在子宮，是貪狼化忌、祿存同宮，前面已經講過了。

在午宮有貪狼化忌時，你周圍的環境，也是保守，不愛動，頭腦不清，人緣不算好，有是非紛爭，運氣常有阻塞停滯的現象。你的環境所吸引來的人，也是這種無法承接好運，頭腦有點不清的人。

在寅、申宮有貪狼化忌時，你周圍的環境是好運不多，又有是非糾紛，問題較嚴重，人緣不好，機會中斷了，較難開展。你的環境所吸引來的人，也是這種保守、人緣不佳、機會少的人。

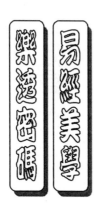

第十節　巨門星為周圍環境時，你會如何看人

看人智慧王

巨門單星為遷移宮時，你會如何看人

巨門單星居廟、居旺為遷移宮時，在子、午、巳、亥等宮，你周圍的環境是口才好，易招惹是非、糾紛，爭鬥多，常需要用腦力、口才來化解，麻煩特別多，但又特別喜好講話，惹是非，或是喜好口腹之慾的環境。你的環境所吸引來的人，也是和你一樣口才好，多紛爭，有口舌是非、災禍，常不順，多疑、反覆無常，又重視口福的人。

巨門單星居陷為遷移宮時，是在辰、戌宮，你周圍的環境是情況很差的。有更嚴重的災禍和是非爭鬥發生，口才不好，應變能力不佳。環境是又窮、又亂、爭鬥、吵鬧不休，沒有道義、公平，很容易遭遺棄，人與人是仇恨相互以待的環境。你的環境所吸引來的人，尤其一群多是非、偷雞摸狗，爭吵不休，窮困，層次不高的小人。

巨門、擎羊為遷移宮時，你會如何看人

巨門居旺、擎羊居陷為遷移宮時，會在子、午宮出現。是丙年、戊年、壬年生的人會遇到。表示你周圍的環境是口舌是非多，爭鬥特別凶，每日無寧日。雖然是口才銳利，但環境中整個是陰險毒辣、爭吵不休，有激烈鬥爭的。這也會是個極有敏感力，善於察

言觀色，有陰謀、智謀來對付解決紛爭的環境。你的環境所吸引來的人，但也有陰謀智慧來對付敵人的人。

巨門居陷、擎羊居廟為遷移宮時，是在辰、戌宮出現，是乙年、辛年生的人會遇到的，此時擎羊的力量比較大。**乙年生的人，在辰宮時**，表示你周圍的環境是狀況凶悍，口舌是非多且強悍的爭鬥。凶的人較佔上風，環境中錢財少，是用爭鬥和是非糾紛、糾纏過日子的型態。你的環境所吸引來的人，也是這種愛胡鬧、不講理，用糾纏的方法來取勝，終日不安寧，口舌是非多的人。

辛年生的人，遷移宮在戌宮有巨門化祿、擎羊，表示你周圍的環境是強悍好爭鬥，不講理，但會用稍為甜言蜜語、或巧言令色的方法來糾纏應付，來解決糾紛的環境。財還是很少的，只是喜歡一些粗俗的吃食而已。你的環境所吸引來的人，也是這種表面圓滑，有點小口才，但爭鬥和糾纏功夫好，多惹是非、不正派的人。

巨門、陀羅為遷移宮時，你會如何看人

巨門、陀羅為遷移宮時，是在巳、亥宮，是丁年、己年、癸年生的人會遇到的。

在巳宮、丁年生的人，有巨門化忌、陀羅在遷移宮時，你周圍的環境是有三重的是非糾紛終日糾纏著，又是悶悶的，拖拖拉拉，笨笨的，口才不好，開口說話更招惹是非紛爭，常暗中爭鬥，或做一些暗中報復的事，也常是害人害己的。在這個環境中，易遭拋棄和背叛，不仁不義。你的環境所吸引來的人，也是頭腦不清，是非不明，又會把是非糾紛愈搞愈大，愈複雜，愈弄得自己更慘的狀況的人。

己年生的人，在巳宮是遷移宮時，有巨門、陀羅。表示你周圍的環境是有二重是非糾紛、暗中爭鬥凶，有些悶，有些笨，但口才

仍很好的環境。在這個環境中，常會因是非而把問題拖得很長的時間，也會因為笨的關係無法解決或更引起是非糾紛。你的環境所吸引來的人，也是這種又笨，口舌厲害，易惹是非糾紛、災禍的人。

在亥宮，癸年生的人，遷移宮有巨門化權、陀羅。表示你周圍的環境是有些笨，是非口舌、災禍多，但強悍，而且具有極強勢的說服力、口才好、用慢一點、笨一點的說服方式，可掌握是非、糾紛中的主控權。整體來說，在這個環境中，還是強勢的，會贏的環境。你的環境所吸引來的人，也是這種口才好，有說服力、強悍，但頭腦不聰明，仍能用口才來主控是非糾紛，能佔上風的人。

巨門、祿存為遷移宮時，你會如何看人

巨門、祿存為遷移宮時，會在子、午、巳、亥等宮出現。

遷移宮在子宮，是癸年生的人，有巨門化權、祿存。表示你周圍的環境是有些保守、小氣，但口才很好，具有特別的說服力，能利用和掌握是非紛爭而對自己有利的環境。你的環境所吸引來的人，也是這種性格小氣、保守，口才好，說服力強，較自私，會煽動別人、主控別人，而對自己有利的人。

在巳宮、午宮，是丙年、戊年、己年生的人，遷移宮有巨門、祿存時，你周圍的環境是保守又有紛爭的，亦可用口才來得到稍許利益的環境。你的環境所吸引來的人，也是性格保守、小氣、口才好，用是非紛爭來賺錢，財不多的人。

在午宮是丁年生的人，遷移宮有巨門化忌、祿存時。你周圍的環境是保守、可憐，頭腦不清，說話常出錯，而多惹是非口舌的環境，同時也是『祿逢沖破』，財不多，而常是非糾纏不清、常受氣的環境。你的環境所吸引來的人，也是這種頭腦不清，保守可憐，常惹是非上身，被糾纏不停的人。

看人智慧王

巨門、火星或巨門、鈴星為遷移宮時，你會如何看人

巨門、火星或巨門、鈴星為遷移宮時，你周圍的環境是非爭鬥多，常有意外的災禍和是非發生，也會因火爆、衝動而有傷殘現象或自殘生命的現象。你的環境所吸引來的人，也是這種衝動、火爆、性急、不理智，及容易製造災禍和紛爭、鬥爭的人。

巨門、地劫或巨門、天空為遷移宮時，你會如何看人

巨門、地劫或巨門、天空為遷移宮時，表示你周圍的環境是是非、糾紛、爭鬥會稍為少一點了。同時你運用口才的機會也會變少一點。如果巨門、地劫、天空三星同在巳、亥宮時，表示爭鬥、紛爭，消失沒有了，但也不太會說話，失去口才的能力，會頭腦不實際，工作能力也不強，終日打混過日子。**遷移宮有巨門和一個天空或地劫同宮時**，你的環境所吸引來的人，是偶而會出現一些爭鬥、紛爭，但不在意的話，不當一回事的話也能化解，口才仍好的人。

遷移宮有巨門、地劫、天空三星同宮在巳宮或亥宮時，你的環境所吸引來的人，是沒有是非糾紛就太安靜了，凡事也成空了。也會是一事無成的這種人。

第十一節　天相星為周圍環境時，你會如何看人

天相單星為遷移宮時，你會如何看人

天相單星居廟為遷移宮時，是在丑宮，表示你周圍的環境是溫和、好脾氣，能為人服務熱心。有善心美意，善於理財、生活舒適。又能解決紛爭，料理善後，是一個老好人的環境。你的環境所吸引來的人，是善於解決問題，會平順生活，重視衣食享受，喜歡在環境中製造溫和、溫馨氣氛的人。

天相陷落為遷移宮時，是在卯、酉宮，表示你周圍的環境是不

平安、窮困、低落，常有災禍和不順發生，有待解決，生活層次低，享不到福，衣食都常有問題，或有疾病、傷殘、破碎、窮困，不完整的環境。你的環境所吸引來的人，也是這種是非、災禍多，家境困難多，窮困或有病痛、傷殘現象，生活不富足，智慧不高，能力不好，要靠別人幫助的人。

天相、擎羊為遷移宮時，你會如何看人

天相、擎羊為遷移宮時，都是『刑印』的格局，會懦弱，常遭人欺負。一生的成就低。也易有傷災，困難，或有傷殘現象。生活不易，或自己引起災禍，殺人成被殺，導致更大的問題。你的環境所吸引來的人也是這種性格懦弱，又內心陰險，表面溫和，但內心邪惡，不為善類的人。

天相、陀羅為遷移宮時，你會如何看人

天相、陀羅為遷移宮時，你周圍的環境是表面溫和，但頭腦笨，心中多是非，性格悶，常把是非藏在心中，挾怨報復，做事會拖拖拉拉，非常不聰明的環境。你的環境所吸引來的人，也是這種慢性子，有些笨。外表溫和，做事會推、拖、拉、不乾脆、能力不好的人。

天相、火星或天相、鈴星為遷移宮時，你會如何看人

天相、火星或天相、鈴星為遷移宮時，你周圍的環境是表面溫和，但性急、衝動、福不全，常有意外之災，或有爭鬥、傷殘現

象。操勞，享不到福，財祿也不多的環境。你的環境所吸引來的人，也是這種外表溫和，但衝動、愛爭鬥，常對自己不利，有意外之災或遭受傷害的人。

天相、天空或天相、地劫為遷移宮時，你會如何看人

天相、天空或天相、地劫為遷移宮時，表示你周圍的環境是福空及劫福的狀況，但仍是表面祥和，用腦子不多，會不實際，或有異想天開不同的想法，而失去很多享福的機會、利益。你的環境所吸引來的人，也是這種不用大腦，表面溫和，好像很會做事，但常沒有成果的人。

天相、地劫、天空同宮為遷移宮時，你會如何看人

天相、地劫、天空同宮在巳、亥宮為遷移宮時，表示你周圍的環境是溫和，但空無一物的。也會早逝，性命不長。更會萬事看空，看破紅塵，進入宗教世界，入空門或修道院中生活。凡事都沒有興趣，也沒有世俗的利害衝突了。你的環境所吸引來的人，也是這種四大皆空，情緻意境都高超出塵的人。

第十二節　天梁星為周圍環境時，你會如何看人

天梁單星為遷移宮時，你會如何看人

天梁居廟，居旺為遷移宮時，是在子、午、丑、未宮，表示你周圍的環境是有長輩和貴人在協助你生活順利的環境。同時也表示是有女性的，比你年長的人在照顧你。同時也是溫和的，具有智謀的，薪水階級，注重名聲、地位的環境。財運小康，但生活無慮，很舒適。你的環境所吸引來的人，也是這種極願意為你付出，照顧你無怨無悔，能提升你的名聲，地位和生活素質的人。

遷移宮是天梁陷落在巳、亥宮時，你周圍的環境是長輩、貴人對你照顧不周的環境。你也不喜歡被人照顧或被人管。在這個環境中，女人和長輩和你不合睦，你會操勞不停，所努力的事是不重名聲、地位的。幼時你的家境不好，因此較會向錢財發展，但也是一般薪水階級的財祿。你的環境所吸引來的人，也是這種外表溫和，但對人關心不足，頭腦不佳的人。

天梁、擎羊為遷移宮時，你會如何看人

天梁、擎羊為遷移宮時，是在子、午、丑、未宮，表示你周圍的環境是長輩和貴人是照顧不足，幫助不利的。或是長輩和貴人要幫助你，但是管束較多，是根本幫不上忙，還使你有點痛苦的。在

這個環境中，女性長輩或年紀較大的女性對你較冷淡，較凶。也會令你身體不好，多是非爭鬥。這些爭鬥也多半是長輩的紛爭，而影響到你。你的環境所吸引來的人，也是這種頭腦充滿智謀、陰險的點子，對人好像很熱心幫忙，實際上會有條件，或根本幫不上忙的人。

天梁、陀羅為遷移宮時，你會如何看人

天梁、陀羅為遷移宮時，在丑、未宮、雙星居廟，在巳、亥宮，雙星居陷。

在丑、未宮時，你周圍的環境是：性子慢，有拖延、較笨、又強悍，長輩、貴人都是以這種步驟來出現的，常引起是非、爭執，

但你不會說出來，只在心中生氣。你的環境所吸引來的人，也是這種愛照顧人，但又笨又慢，又悶聲不表達，容易引起是非、爭執、愛在心中生氣的人。

在巳、亥宮時，你周圍的環境是困頓不佳，又沒有長輩和貴人來幫助，又笨，又無能力解決的環境。但如果你自己的命格強，有天同化權，則能突破困境、有大成就。這是丁年生的人，可以做到的。你的環境所吸引來的人，都是智慧不高，愚笨，能力低落，生活水準低的人。

天梁、祿存為遷移宮時，你會如何看人

天梁、祿存為遷移宮時，會在子、午、巳、亥宮形成。

在子、午宮時，是丁年、己年、壬年生的人。表示你周圍環境是性格保守的長輩和貴人在保護你，使你一生平順，有衣食無憂的生活。在你的環境中很容易形成『陽梁昌祿格』。會有考試、讀書運、升官運、前途無量，一生平順，步步高陞。你的環境所吸引來的人，也是這種性格保守，溫和、智慧高，前途大好的人。

在巳、亥宮時，是丙年、戊年、壬年生的人。

在巳宮，丙、戊年生的人，遷移宮是天梁陷落、祿存，表示周圍環境是保守、小氣、有衣食，但不豐裕，較窮困，長輩和貴人照顧不算好的環境。你的環境所吸引來的人，也是這種能力不好，對人冷漠、自私、小氣，有一點錢會自己花的人。

在亥宮，是壬年生的人，遷移宮有天梁化祿、祿存。表示你周圍的環境是『雙祿』格局。在這個環境中雖是保守小氣的，但人緣稍好，也會多生是非，招惹一些自己無法負擔的問題，成為自己包袱的環境。你的環境所吸引來的人，也是表面乖巧內向、開朗、人緣稍好，但負責任的態度並不強的人。

看人智慧王

天梁、火星或天梁、鈴星為遷移宮時，你會如何看人

天梁、火星或天梁、鈴星為遷移宮時，表示你周圍的環境是衝動、急躁、火爆，長輩、貴人要照顧你，但容易引起意外爭論，或是三分鐘熱度而照顧不好，不周全的。常有意外災禍和爭鬥、糾紛發生。你的環境所吸引來的人，也是這種性急、衝動，做事又不負責任，又愛抱怨的長輩型或女性的人物。

天梁、天空或天梁、地劫為遷移宮時，你會如何看人

天梁、天空或天梁、地劫為遷移宮時，表示你周圍的環境中是長輩、貴人常缺席，照顧不到你的狀況。也表示你的長輩或貴人常是頭腦空空，不知如何幫忙你的狀況。你的環境所吸引來的人，也是這種表面對你有支持的精神力量，但實質無多大幫助的人。

遷移宮在巳、亥宮有天梁陷落、天空、地劫時，表示你周圍的環境是連半個貴人和長輩都沒有的環境。你自小主孤，自生自滅的過生活，也容易在寺、廟、修道院中生存。你的環境所吸引來的人，也是這種對人冷淡無情，孤清，不願與人來往的人。

天梁化權為遷移宮時，你會如何看人

天梁居旺化權為遷移宮時，表示你周圍的環境是有長輩或長兄、長姐在當家管事的。在這個環境中，你也可得到強力、完善的照顧，生活舒適，一生都有貴人強力的支持你，幫助你。你的環境所吸引來的人，也是這種智慧高，能解決一切困難，能力強，又喜於照顧人，事業運好、運氣旺，懂得爭權奪利的人。

巳、亥宮有天梁居陷化權為遷移宮的人，表示你周圍的環境是非常固執，愛掌權做主，但又沒能力，做不了主，而引起紛爭的環境。你的環境所吸引來的人，也是這種外表溫和，內心頑固不化，愛管閒事，又管不好，常引起是非，糾紛的人。

天梁化祿為遷移宮時，你會如何看人

天梁居旺化祿為遷移宮時，你周圍的環境是人緣好，頭腦聰明，有智謀，長輩、貴人會時時給你好處。你自己也會常用利益來招惹一些自己負擔不了，形同包袱的事件。你的環境所吸引來的人，也是這種常用利益來誘惑人，處處牽制你，對你好的長輩型的人物，或貴人型的人物。

天梁陷落帶化祿為遷移宮時，表示你周圍的環境是人緣稍好，但無法對你有適當幫助的環境。在這個環境中，你仍是和長輩、貴人相離甚遠的。你的環境所吸引來的人，也是這種溫和，討人喜歡，但無憂無慮，不喜人管、愛玩、不愛努力打拼的人。

天梁化科為遷移宮時，你會如何看人

天梁居旺化科為遷移宮時，是己年生的人，表示你周圍的環境是有貴人、長輩用很高明的手法幫助你、照顧你，絲毫不會讓你尷尬。在這個環境中也是聰明、有文質氣息，文化水準高，會讀書，有知識水準，氣質高雅的環境。你的環境所吸引來的人，也是有名聲、地位、有文化，對人溫和有禮，能力強的人。

天梁化科和文曲化忌為遷移宮時，表示你周圍的環境是有一些口才不佳，才能不好的長輩或貴人，仍能用有氣質的方法來幫助你，但你不一定會認同或接受，也會引起口舌紛爭的環境。你的環境所吸引來的人，也是這種頭腦不清，口才和才能拙劣，又想用高級、有氣質的方法來幫助你的長輩或貴人。

天梁陷落化科為遷移宮時，你周圍的環境是長輩和貴人運弱，文化素質不高，也無法幫助你的環境。你的環境所吸引來的人，也是這種溫和、懦弱，無能，又講究某些原則，無法真正幫助你的人。

第十三節　七殺星為周圍環境時，你會如何看人

七殺單星為遷移宮時，你會如何看人

七殺為遷移宮時，表示你周圍的環境是強悍，爭鬥，競爭多，

辛苦，用腦不多，喜歡蠻幹、苦幹，極力打拚，做事徹底，勇不退縮，願意負責，情份不多的環境。在這個環境中，也容易有傷災、血光，或因爭鬥而有耗損。你的環境所吸引來的人，也是性格剛硬，愛競爭，用腦不多，會凶悍的爭取利益，做事也很認真、苦幹的人。

七殺、擎羊為遷移宮時，你會如何看人

七殺、擎羊為遷移宮時，表示你周圍的環境是有激烈爭鬥，人緣不好，鬧得很凶，也會有血光、傷災，常常無寧日的環境。同時也是賺錢辛苦，賺不多，又用苦力蠻幹來賺錢的環境。你的環境所吸引來的人，也是個性凶悍、好鬥、陰險、計較，凡事不肯吃虧，錢財也不富裕的人。

七殺、陀羅為遷移宮時，你會如何看人

七殺、陀羅為遷移宮時，表示你周圍的環境是爭鬥和是非多，悶悶的，有些笨的，拖拖拉拉的，有時又是頑固的，不開化，知識水準低，能力不強，又強勢好爭，惹是非的環境。你的環境所吸引來的人，也是這種悶聲不吭，笨又凶悍，多是非，能力不強的人。

七殺、火星或七殺、鈴星為遷移宮時，你會如何看人

七殺、火星或七殺、鈴星為遷移宮時，表示你周圍的環境是爭鬥紛爭多，衝動、火爆、凶悍，多傷災和意外災禍，不平靜的環

境。你的環境所吸引來的人，也是這種衝動、凶悍、運氣不好，會蠻幹、有古怪聰明、不理智的人。

七殺、天空或七殺、地劫為遷移宮時，你會如何看人

七殺、天空或七殺、地劫為遷移宮時，表示你周圍的環境是有時忙碌、苦幹，有時又不努力的環境。忙碌時則較實際，能進財，工作能力較強。不努力時，又頭腦不實際，工作能力也不強，財也多。你的環境所吸引來的人，也是常頭腦空空，做事一會兒努力，一會兒放棄，沒辦法有始有終的人。

第十四節　破軍星為周圍環境時，你會如何看人

破軍單星為遷移宮時，你會如何看人

破軍單星為遷移宮時，表示你周圍的環境是爭戰不停，愛努力打拚，有進取，也有破耗。會破壞、醜陋、而等待復建，不美麗、不完整的、強悍、好競爭的環境。你的環境所吸引來的人，也是大膽、激進，花錢破耗多，為了成功不惜一切代價，有時也不顧道義或道德的人。

破軍、擎羊為遷移宮時，你會如何看人

破軍、擎羊為遷移宮時，表示你周圍的環境是爭鬥異常凶猛，破耗也更凶，且有陰險、多疑、自私、反覆無常的變化，常為錢財痛苦，一生中有多次破敗、耗財經驗的環境。你的環境所吸引來的人，也是這種陰險好鬥，處處會危害你，使你破財、招災的人。

破軍、祿存為遷移宮時，你會如何看人

破軍、祿存為遷移宮時，會在子、午、寅、申宮。

在午宮時，是丁年、己年生的人。**在申宮是庚年生的人**。你周圍的環境是保守、肯拚，有普通衣食，但仍破耗凶的環境。你的環

境所吸引來的人，也是這種保守、小氣，只喜歡花錢在自己身上，留不住錢財的人。

遷移宮在子宮時，有破軍化祿、祿存。你周圍的環境是有小的富足的生活，想花錢就有的花，找得到錢來花的環境。你的環境所吸引來的人，也是這種生活還安逸，喜歡花錢，又找得到錢花的人。

遷移宮在寅宮時，有破軍化權、祿存。表示你周圍的環境是有衣食之祿，但強力要破耗，對花錢有強勢支配的能力。也喜歡打拚，會小心翼翼，會有成功機會。也會有主控競爭、主控爭鬥，要佔上風，愛掌權的強勢力量。你的環境所吸引來的人，也是這種在錢財方面對別人小氣、吝嗇，對自己大方，強勢要做主管事情，強悍好鬥的人。

破軍、陀羅為遷移宮時，你會如何看人

破軍、陀羅為遷移宮時，表示你周圍的環境是破破爛爛，又愚笨，不聰明，醜陋，文化素質低，窮困、破耗的環境。你的環境所吸引來的人，也是這種低俗、又笨、又醜、又窮困、破耗凶的人。

破軍、火星或破軍、鈴星為遷移宮時，你會如何看人

破軍、火星或破軍、鈴星為遷移宮時，表示你周圍的環境是是非爭鬥多，性急、火爆、衝動，意外之災多，會因災禍受傷，有血光，或有傷殘現象的環境。你的環境所吸引來的人，也是這種脾氣

壞，常因衝動招災，也會因衝動和人爭鬥，拼個你死我活的人。

破軍、地劫或破軍、天空為遷移宮時，你會如何看人

破軍、地劫或破軍、天空為遷移宮時，表示你周圍的環境是打拚能力不強，凡事破耗成空的環境。在這個環境中，有不實際、清高，不同於世俗的看法，會遁入空門、宗教，或去修道院，從事宗教活動。你的環境所吸引來的人，也是這種頭腦空空，會超出時空，世俗，喜歡特立獨行，看破紅塵，和宗教特別有緣的人。

第十五節　祿存星為周圍環境時，你會如何看人

祿存單星為遷移宮時，你會如何看人

祿存單星為遷移宮時，表示你周圍的環境是保守、小氣、自私、吝嗇、膽小、怯懦，只賺自己衣食之需的財，對別人是漠不關心的環境。在人緣上、機會上都是不好的。你的環境所吸引來的人，也是這種小氣、自私、自顧自，不喜和別人來往，自食其力，也不想麻煩別人的人。

第十六節　羊、陀、火、鈴、劫、空為周圍環境時，你會如何看人

擎羊單星為遷移宮時，你會如何看人

擎羊單星為遷移宮時，表示你周圍的環境是險惡的，別人對人凶的，爭鬥和競爭多的。常常也是容易被惡人侵害的。在這個環境中，錢財也較不順，是非、災禍又多，所有的事也都不順利。你的環境所吸引來的人，也都是凶悍、陰險、好鬥、好爭，不富裕，常會運用手段從別人身上去得到利益的人。

陀羅單星為遷移宮時，你會如何看人

陀羅單星為遷移宮時，表示你周圍的環境是強悍、是非多、災禍多，較笨、較悶、能力差，生活環境差，不富裕、雜亂，錢財不順利，是非糾纏很久不能解決，常拖拖拉拉很長的時間，凡事不順利。你的環境所吸引來的人，也是這種笨笨的，性格悶，形貌粗，知識水準低，工作能力差，多是非，態度凶悍不講理的人。

火星單星為遷移宮時，你會如何看人

火星單星為遷移宮時，表示你周圍的環境是火爆、急躁、衝動、脾氣壞，爭鬥多，衝突速度快，十分火爆，常有意外之災，是非、糾紛都多的狀態。火星單星在寅、午、戌宮居旺時，還可能有意外之財，是小財。火星在卯、未、亥、申、子、辰等宮時，無意外之財，只有意外災害、傷災、耗財之事。你的環境所吸引來的人，也都是這種脾氣壞、火爆、衝動，用腦不多，成事不足，敗事有餘的人。

鈴星單星為遷移宮時，你會如何看人

鈴星單星為遷移宮時，表示你周圍的環境是火爆、急躁、衝動、鬥爭多、紛爭多、速度快，常一觸即發的，同時也是有其他古怪聰明的環境。鈴星在寅、午、戌宮居廟，會有意外之財。鈴星在卯、亥、未、申、子、辰宮無意外之財，且多意外傷災、耗損之事。你的環境所吸引來的人，也是這種脾氣古怪、衝動、火爆，會想一些怪點子來整人報負，膽大出眾，讓人嚇一跳的人。

地劫單星為遷移宮時，你會如何看人

地劫單星為遷移宮時，表示你周圍的環境是沒有什麼好運會發生。所有的好運，好事容易被劫走，不長久。因此心情常不愉快，悶悶的，會不知所以然的不快樂。事情常也容易突然改變或消失了。

在這個環境中，人也會三分鐘熱度，做事不長久，沒有進取心、奮發心，也會減低人緣、機會，而不吉。如果在卯、酉宮，命宮是紫貪的人，則能減低桃花問題。不過，這也是個頭腦空空，用腦不多，做正事沒有好頭腦、沒有好智謀及能力，只能想些小的、旁門左道的技倆在謀生的環境了。你的環境所吸引來的人，也都是這種不用大腦，沒有運氣，也沒有奮發打拚的心，凡事得過且過，用些小聰明在衣食謀生方面，就很滿足的人。

天空單星為遷移宮時，你會如何看人

天空單星為遷移宮時，表示你周圍的環境是沒什麼好運，凡事容易成空、消失，不長久，不實際。因此心情是清明、清高的。反正很多事都常突然改變消失，故而不必太計較。沒有奮發進取之心，人緣和機會都會較低，與人感情不深或不想搭理人。在這個環境中，會頭腦空空，不實際，有奇怪脫俗，異於常人的思想。賺錢不易，也不想賺錢，會學一些佛道、神仙或宗教色彩濃厚，以及邪門歪道，富於幻想的事情，也容易成為精神病患。你的環境所吸引來的人，也是這種思想異於常人，不重實際生活，特立獨行之人。

看人智慧王

天空、地劫雙星為遷移宮時，你會如何看人

天空、地劫同宮為遷移宮時，在巳、亥宮，對宮（命宮）為廉貪。表示你周圍的環境是什麼都沒有，萬事皆空的環境。在這個環境中，你會凡事不起勁，什麼都看空，都不想做，較喜歡做與宗教有關的事情，迷信宗教。你也會不重現實，愛幻想，或有精神上之疾病，過孤獨的生活。或入廟宇、修道院中生活，會窮困，沒有生活能力。你的環境所吸引來的人，很少，關係都不深，亦或有早夭現象。

第十七節　昌、曲、左、右為周圍環境時，你會如何看人

文昌單星為遷移宮時，你會如何看人

文昌單星為遷移宮時，在巳、酉居廟位，在申、子、辰居旺位。此時你周圍的環境是文化氣息重，有氣質、精明，善於計算，具有文書和讀書方面的才能。做事幹練，智慧高，穩重，能按步就班的企劃事務而成功，有名聲。會在文藝方面發展。整個環境都是接近書香，高知識水準的，斯文的，有智慧的型態。你的環境所吸引來的人，也是水準高，斯文的，有智慧，有文藝名聲的文化人或

讀書人。

文昌單星居平、居陷在寅、午、戌、卯、亥宮為遷移宮時，表示你周圍的環境是文化較低落，氣質粗俗，不精明，計算能力不佳，在文書和讀書方面能力很差。做事魯莽，行為粗魯，不穩重，智慧較低落，沒有成就，會做粗俗的工作，整個環境都是一般普通粗俗，沒水準，不斯文，智慧也不高的型態，你的環境所吸引來的人，也是這種一般低下階層的，較窮的，粗俗，不喜唸書的人。

文昌化科為遷移宮時，你會如何看人

文昌居旺化科為遷移宮時，表示你周圍的環境是氣質更好、更佳，環境的氣氛是精緻、美麗，書香氣息重，周圍全是長相美麗，又具有極高知識、智慧能力的人。在這個環境中會出現高地位的社會精英，精明幹練的程度也特高，生活是富裕，重視精神生活的層次。你的環境所吸引來的人，全是外表美麗，穿舊高貴，精緻，生活在高層次之上的特殊階層，也是有名聲、高地位的高級知識份子的人。

文昌居陷化科為遷移宮時，表示你周圍的環境是氣質只是一般普通的氣質，也不精明幹練，計算能力也不好，但能稍為處理一些文書事務。讀書和文化程度也不高，只是表面還算整齊。你的環境所吸引來的人，也是長相不怎麼樣，穿著還整齊，不算邋遢，錢財少，頭腦不算好，但能過平常人生活的人。

文昌化忌為遷移宮時，你會如何看人

文昌居旺化忌為遷移宮時，表示你周圍的環境是頭腦還算聰明，但會有古怪的聰明。讀書喜歡唸雜書、閒書，在事業方面會異軍突起，異途顯達，不會從正規的、讀書方面來找到前途，會有異外的機緣找到自己的路子。你的環境所吸引來的人，也是這種有古怪聰明，異途顯達，重視及具有和常人不一樣的文化知識的人。

遷移宮是文昌居陷化忌時，你周圍的環境所吸引來的人，是文化水準低俗，頭腦不清，計算能力，工作能力皆不好，常出錯，智慧低，粗俗又愚笨的環境。你的環境所吸引來的人，也是這種沒有文化、粗俗、愚笨，頭腦不清，終日打混過日子的人。

文曲為遷移宮時，你會如何看人

文曲單星居旺為遷移宮，在巳、酉、丑、申、子、辰、卯、亥、未等宮時，表示你周圍的環境是口才好，才藝多，喜歡唱歌、跳舞，有韻律感的藝術方面的興趣，是多才多藝的環境。同時也是愛熱鬧，人緣好，喜歡起哄，愛玩樂，愛聊天，不能忍受寂寞的環境。你的環境所吸引來的人，也是口才好、人緣好，有些聒噪，愛熱鬧，具有才藝的人。

文曲陷落為遷移宮時，會在寅、午、戌宮，表示你周圍的環境是口才不好，很安靜，才藝和才華也不佳，人緣不好，不喜歡吵鬧，愛安靜，也不善於玩樂的環境。你的環境所吸引來的人，也是這種口才不好，才華少，人緣不佳，不合群的人。

看人智慧王

文曲化科為遷移宮時，你會如何看人

文曲居旺化科為遷移宮時，你是辛年生的人，你周圍的環境是較文質，口才好，有氣質，會講有水準、高氣質的話語，才藝也是屬於文藝方面，較有氣質、文化的才藝、才華好。你的環境所吸引來的人，都是文藝界較有水準和名聲的人。

文曲陷落化科為遷移宮時，你周圍的環境是口才不佳，但還較文質，不粗魯。你的環境所吸引來的人，也是口才不好、安靜，稍為斯文，但才藝、才華也不高的人。

文曲化忌為遷移宮時，你會如何看人

文曲居旺化忌為遷移宮時，表示你周圍的環境是口才雖好，也有才藝和才華，但常惹口舌是非。你的才華和才藝也是怪怪的，學不太好，或向怪異的才華發展的常讓人批評、抨擊、問題很多。你的環境所吸引來的人，也是這種自做聰明，自以為口才好，常惹口舌是非的人，也喜歡顯露怪異才華和才藝的人。

文曲居陷化忌為遷移宮時，表示你周圍的環境是口才差，不會講話，一出口便惹是非口舌，遭人詬病攻擊。才華和才藝也很差，又常讓人痛苦，易惹禍災。你的環境所吸引來的人，也是這種頭腦不清，常說錯話、做錯事都不知是為何發生的人。

文昌、文曲同宮為遷移宮時，你會如何看人

在丑宮，昌曲二星雙星居廟，你周圍的環境是文化素質高，斯文美麗，人緣好，喜交際、好表現，口才好，才華和才藝多，又有

文化、文藝方面的才華來展現。並且是喜歡男女情愛方面享受的環境。你的環境所吸引來的人，也是長相美麗、好享受高級生活，愛撒嬌，愛談情說愛，異性緣特強，相互會吸引的人。

在未宮，文昌居平、文曲居旺，你周圍的環境是口才好、熱鬧，但文化水準不太高，也較普通，氣質不算好，不夠精明，計算能力也不好，財富不多的環境。你的環境所吸引來的人，也是這種氣質不高，但會言語油滑，聰明度也不高的人。

文曲化科、文昌化忌為遷移宮時，你會如何看人

在丑宮，表示你周圍的環境是講話斯文，會講話，也有特殊才藝。但頭腦有時不清，計算、文書上易出錯。會有奇怪的思想或觀念，在事業上會有起伏的狀況。你的環境所吸引來的人，也是這種

有怪想法和觀念，但也有部份和韻律、口才有關的才藝的人。

在未宮，表示你周圍的環境有奇怪的想法和觀念，已經影響到你的生活，而你縱然是也具有特殊才藝和具有說話的技巧，也不能掩飾所犯的錯。錢財會不順，或因計算和文書錯誤而有損失。你的環境所吸引來的人，也是這種頭腦不清，能力不佳，只會用嘴皮子說好聽的話，不能真正傳達意思和解決問題的人。

左輔單星為遷移宮時，你會如何看人

左輔單星為遷移宮時，表示你周圍的環境中是靠別人幫忙，會生活順利的環境。這個環境中是剛直、老實、穩重、一板一眼的。通常和長輩的關係都較淡薄，和平輩的關係較好，尤其是男性平輩的朋友、兄弟型、同事等等，都較和你有緣，會輔助你得財，得到運氣的。你的環境所吸引來的人，也是平輩的男性為最多。

看人智慧王

左輔化科為遷移宮時，你會如何看人

左輔化科為遷移宮時，表示你周圍的環境中是平輩男性會特別用技巧的方法來幫忙你，使你順利。也表示在這個環境中會具有氣質好的平輩男性。你的環境所吸引來的人，也就是有文化、有氣質的平輩男性了。

右弼單星為遷移宮時，你會如何看人

右弼單星為遷移宮時，表示你周圍的環境是靠別人來幫忙的，才會在生活上、賺錢上順利。在這個環境中是帶有親密黏膩、霸道、愛管制，有女性化、愛撒嬌、重感情的環境。通常也和長輩的關係較淡薄，和平輩關係較好，尤其是和女性平輩的朋友、姐妹、同事等等都較有緣，會輔助你得財及運氣好。你的環境所吸引來的人，也是平輩的女性為多。

右弼化科為遷移宮時，你會如何看人

右弼化科為遷移宮時，表示你周圍的環境是平輩女性會特別用方法和技巧來幫助你，使你順利。也表示在這個環境中會出現有氣質、工作能力強的平輩女性。你的環境所吸引來的人，就是這種有氣質、能幹的平輩女性。

第七章　從『八字格局』來看人

從八字格局來看人類環境上的相合與變化，會更為有趣。最近我從外國的電視劇中看到中國的命理學被應用的情形，深感中國的文化是博大精深，無遠弗屆的。在我們周遭的國家如日本、韓國、泰國、越南、寮國、馬來西亞、新加坡，都會使用陰曆干支來做合婚、風水或論命的基礎，而菲律賓和印尼兩地，則是以華人有此知識和興趣。

在那部電視劇中，男主角是癸日生的人，女主角是戊日生的人，一開始懂命理的旁觀者就斷定在此三角戀愛的習題中，這一對是磁場環境相吸，較無法拆散的了。表面上看戊土會剋癸水，但在合局中，戊癸相合化火。兩人又同是出生在冬季，喜用神都需要火。因此在磁場感應度上，即是化合成功的特例。因此男女雙方彼此會恍如隔世曾相見過，有纏綿悱惻的愛情。其實這種狀況，不但會在男女愛情出現，在夫妻、朋友、父子、母子，以及師生、長官與部屬中，亦或是君臣之中也會常出現此種狀況的。當你發現自己的家中的父母之一為何特別寵愛某一小孩，而此小孩也特別膩在寵愛者身邊時，就可看看他的生辰八字，是不是相合、化合的狀況了。

你也可研究在學校中或公司機構中某一師長或長官為何對某一學生或職員有近似溺愛的傾向，極為偏心，這也可能就是八字格局相化合的關係了。

在命理學中還有其他的化合格局，例如：

乙庚相合化金

甲己相合化土

丙辛相合化水

丁壬相合化木

在命理學中稱這種甲己相合，乙庚相合、丙辛相合、丁壬相合、戊癸相合為『暱合』，有如夫妻、配偶，彼此有情、相配而合。

『化』的意思就是變化其原來的性質。在命理學中，皆以五行生剋、陰陽不同之理來闡釋。化氣為罕見之變格。

要從化合格局中解釋環境磁場的問題，就從前面的『戊癸相合化火』來解釋最好了。戊土的『財』是『癸水』，癸水的財是『丙火』，而丙火又是戊土的印星（偏印），會生戊土。因此一定要兩人雙方的喜用神皆為丙火的人，才會有情同夫妻相暱而合的環境磁場。

『甲己相合化土』的部分

兩人中，一人是日主為甲木，一人為日主為己土的人。己土為甲木之『財』，甲木是己土的『官』，己土的財是水，水又是甲木之印綬，會生甲木，故而會形成循環有利的相合環境磁場，因此兩人的喜用神要同為水，就會有親密相合的狀況了。

（大致上來說，生在巳、午月份的人，是喜用神多半要水的人，也就更容容易形成此相合的磁場了。）

『乙庚相合化金』的部份

兩人中，一人的日主為乙木，另一人的日主為庚金。庚金的正『財』是乙木，庚金也是乙木『官』，乙木的財是戊土，戊土亦能生金，故也能形成循環彼此有利的環境磁場。因此兩人的喜用神要同為土，最好是戊土，就會有相合親密的狀況了。

（大致上來說，生在申月、子月的人，支上戊水局，或多見壬癸水出干的人；容易形成此相合的磁場。）

『丙辛相合化水』的部份

兩人之中，一人的日主為丙火，另一人的日主為辛金。辛金是丙火的『正財』，辛金的正財是甲木，甲木又能生丙火，亦能形成循環有利的環境磁場，而兩人的喜用神最好都是需甲木的，就會有相合親密的狀況了。

（大致來說，生在申月、酉月，命局中金多、金旺的格局，需甲木來剋金的命格的人，容易形成此種相合的磁場。）

『丁壬相合化木』的部份

兩人之中，一人的日主為丁火，另一人的日主為壬水。壬水的財是丁火。壬水同時也是丁火的『官』。丁火的財是庚金。金又能生水，是壬水的印綬。因此會形成循環有利相合環境磁場。兩人的喜用神最好是同為庚金，就會有相合親密的狀況了。倘若喜用神為火，也是很好的，為次級較合的狀況。

（大致來說，生在寅月、卯月，命格中木多，木旺格局，需庚金來剋制木的命格的人，容易形成此種相合的狀況。）

在命理學中，五行生剋有一定的道理，也有陰陽不同之說。所謂『陽干』，是一種向旺之氣。所謂『陰干』，是一種向衰之氣。而陽干見陽干和陰干見陰干就會相剋。例如甲、丙、戊、庚、壬是陽干。甲見丙或見戊、見庚，或見壬，都會相剋。例如乙、丁、己、辛、癸是陰干。乙見丁，或見己，或見辛、或見癸，是陰干見陰干，也都會相剋。但是陽干見陰干則相合。**例如甲見己合，丙見辛合，戊見癸合，庚見乙合，壬見丁合。這是一種有情之剋，雖然相合，但仍相剋制。**雖有剋制，但並不真的剋制到了。因為乙、丁、己、辛、癸這些陰干是向衰之氣，雖有剋制之意，而無力剋制之故。況且在命理學中，『剋』的意思，也是『財』的意思，相剋為財，是為我所制服、制用的意思。就像：**妻妾和錢財，是為我所制用，而有情的意思。**

看人智慧王

而陽干剋陽干、陰干剋陰干；雖是為我所制，但不會為我所用，這是無情的剋制，會有傷害，這是真的剋害了。

由以上得知，**倘若你先從自己的日主著手，找到另一位相合的日主之人，再同時具有相同的喜用神**，便可成為感情彌篤、磁場相合的戀人、夫妻、或知交，最佳拍檔，或是忘年之交的好搭檔了。

另外還有一些狀況是表面上看起來磁場相合的，但實際狀況並不一定是真合的，例如：

大家都知道清朝的乾隆皇帝很寵愛佞臣和珅，使其富可敵國。大家會想，這一定是有暱合現象了吧！其實有別。

我們看清乾隆帝的八字是：辛卯、丁酉、庚午、丙子。日主為庚金，支上子、午、卯、酉為四極俱全，生於酉月為『煞刃格』，喜用神為丁火。

和珅的八字為庚午、乙酉、庚子、壬午。日主也為庚金，月柱官星也帶刃。但乙庚和相合，日主庚金戀財而不顧官，是貪財忘官。也以丁火為喜用神。

在這二人的八字中，乾隆皇帝的八字是氣勢磅礡的命格，支聚四極，故為天子、領導人之命格。**而和珅的命格中有二庚爭合，貪財忘官，故為小人佞臣**，會巴結皇帝，在生活環境中他是付出心力與感情多一些的人，因此這種環境磁場相合，是做作、虛假的一種環境磁場相合，也是趨炎附勢的一種環境磁場相合的狀況。並不是出於兩人真性情流露之環境磁場相合的狀況（乾隆與和珅之命格在《如何選取喜用神下冊》，第136頁有詳細解釋。）

在命理學中尚有『藤蘿繫甲』、『水輔陽光』、『枯草引燈』等格局所形成的環境磁場相合之狀況。

『藤蘿繫甲』格

『藤蘿繫甲』格本來是日主為乙木的人，生在冬月，天寒地凍，而命局干上有甲，或支上有寅，乙木也會變為生旺，有如蔦蘿攀附在高大的喬木如松柏等樹上而生存的格局。**這種命格的人多半是出生或依附在有權勢或富貴家庭中依附而生**，本命不強，例如章孝嚴的八字壬午、壬寅、乙丑、庚辰。明崇禎皇帝的八字辛亥、庚寅、乙未、己卯。以及前大陸四人幫江青之命格甲寅、丙寅、乙丑、丁丑等（地支有寅），皆是因人而貴，依附而生。**端看甲木的壽命如何，就知藤蘿的期限如何了**。

在現實生活中，日主乙木的人最喜和日主甲木的人為友相合或是結為夫妻，在日常生活中亦會依附生活而快樂。因為甲木是陽木，乙木是陰木，陰陽相吸的結果。但是甲木並不一定很喜歡受到依附，所以多半是日主乙木的人來黏著日主甲木的人。因此這就是單方面環境磁場相合的狀況了。

這和『甲己相合』是完全不同的狀況。己土是日主甲木者的財，故甲木特別喜歡，且對甲木自己有利而相合。乙木是甲木的劫才，故日主甲木的人，並不十分喜歡，往往有躲避日主乙木的人的狀況，但在某些時候也會慷慨的照顧他。而日主乙木的人，因為本身弱的關係，較容易巧言令色的去巴結日主甲木的人。

另一方面我們也可看到台北市長馬英九先生是日主屬己土人（己酉），而他旁邊的幕僚輔助人員，則多日主甲木的人，表面上甲木會剋己土，但為有情之剋，反而相合化土更增助力。

『水輔陽光』格

『水輔陽光』格指的是丙火和壬水之間的關係。在天地中的五行，主要是以『水』和『火』兩種元素為主。這兩種元素也就是一為『陰』、一為『陽』。所以丙火和壬水在命格中皆是不可少的。在命格中丙火見壬水，有如『日照江湖，相映成輝』。由其在秋冬之日所生之日主丙火和日主壬水的人。因為丙火頻臨死位、墓地或休囚已極，丙火在秋日，猶如日暮黃昏，太陽的餘光僅存於湖海反照之中，因此用壬水（大海水）輔映而有光輝。**因此在取用神和對自己有利方面，要看壬水輔映的狀況如何為佳**。冬日出生之日主丙火之人，是無壬不貴的。故壬水日主丙火者命格中是無法缺少的元素。

日主壬水的人，丙火為其『財』。在秋、冬的時候，以調節氣候為先，要用丙火解凍，否則不足以取富貴。故需『丙』恐急。

因此，在現實環境中，日主丙火和日主壬水的人，俱屬陽氣盛的人，若喜用相同為金，金是丙火的財，又能生壬水，則會有環境磁場相合的狀況。

春夏所生之日主丙火的人，除了『炎上格』之外，皆喜壬庚相輔，為『水輔陽光』格。壬水為其用神，為可解命格之藥。

春夏所生之日主壬水的人，狀況是這樣的：生於春季，壬水為病地、死地或墓地，因春季是木氣當旺之時，要用庚辛金來發水源及制木。生於夏季的日主壬人之人，夏季是丙火司權的時刻，壬水又在絕地，休囚已極之地，非常弱了。雖是財官兩旺（指火土旺），而不能任財，仍是要以庚金來蓄水源以制火。

因此我們可以看到，引申到人的環境中的狀況。日主壬水的人和日主丙火的人，無論兩人生月如何，只要其中再有日主庚金的人，三人形成等邊三角形的環境磁場，伙伴關係有緊密相合的狀況了。

所以說，當你是日主丙火的人，而知道對方是日主壬水的人，彼此相吸引，但仍無感覺環境磁場相合時，你就可再找一個日主庚金的人來做媒介，便可形成極親密的相合關係了。倘若雙方都是生於冬天的人，就不必需要此媒介，而自然而然的便可有環境磁場相合、情感親密了。

『枯草引燈』格

『枯草引燈』的格局是說：日主丁火的人生於冬季，必須有甲木、庚金。用庚劈甲引丁為正用。倘若命局中沒有甲木，而有乙木，用丙火曬乙來用也是可以的。乙木是柔弱的花木、草類，在冬天猶如枯草，須用丙火（太陽）來曬，才能生火。

在現實環境中，**也就是說日主丁火的人，又生於冬季的話，最好是和日主甲木的人為友為妻**，是為有用。甲木會生丁火，助旺丁火。但這中間須有庚金的剋制甲木來引化才行。才會有環境磁場相合的情形。

倘若是以日主丁火的人和日主乙木的人來談環境磁場問題，則其中**必須有丙火曬乙的過程**，才會有環境磁場相合的情形。也就是說兩人會在走火運（流年屬火）的時候，有一段環境磁場相合，親密的時期，在其他的時候則無磁場感應。

我的女兒是日主丁火的人，有一位很要好的同學是日主甲木的人。這位同學也介紹她到同一公司中去上班。有一天女兒很苦惱的跟我說，她常有被壓制的感覺，在公司也不太敢表現。因為這位要好的同學會不高興。雖然自已對工作很有興趣，上司對他也有企盼，但總不知如何是好，非常苦惱。她的另一位曾學過命理的同事告訴她說：這位日主甲木的同學是生旺她的，但也會壓制她，所以她要升級是不容易的，一定要等日主甲木的同學先升了官，才可能會輪到她。事業心重的女兒就回來問我，為何『生她又剋制她』的問題。

本來我是覺得小孩子的喜怒無常是不必太在意的。但是居然有人用命理來解釋此現象，我就必須要解釋清楚給她聽了。

甲木是高大的喬木，如松柏之類樹木。丁火是星星之火，如爐中之火通常在命理上有用『庚金劈甲引丁』之說，也就是庚金是斧頭，用斧頭把高大的樹木劈成柴火，來點燃爐灶而生火。太大的樹木是點不燃小火的。這是命理格局上的通用之法。甲木逢丁火，為木火通明。木能生火，火也能旺木。對於甲木來說，有丁火，則是『傷官生財格』。對於丁火來說，更離不開甲木，如子得母。丁火是子，甲木是母，是故甲木的力量仍是大的，會有壓制丁火的狀況。真實也是共生共榮的狀況。不過這是其中最好有庚劈甲，不足以引丁。在現實環境中也就是說，最好有一個強勢的主管在領導她們倆，這兩個人就都會產生最好的工作績效了。倘若主管不是日主庚金的人，不能剋制日主甲木的人，則大家都有和稀泥，不好好做事偷懶的狀況了。

日主丁火的人要找到環境磁場相合，又同為奮發向上的人，最好是找日主為壬水的人。丁壬相合化木，而喜用神又同為金或火，就會財旺生官，有大前途了。

而日主甲木的人，最好找日主己土的人，環境磁場相合，甲己相合化土，喜用神最好同為水，這樣就會彼此有利，又看得順眼了。

以上這種由八字中日主來看環境磁場相合的方法，其實內容還有許多層次，不勝枚舉。

例如『喜用合用』都可成為磁場相合的人．

譬如說生在巳月、午月的人，不論日元為何，喜用神都急需水，而此人的命格中剛好缺水，喜用神就是金水，因此剛好有另一人命格日主就是屬水的人，自然此人會見水心喜，而形成良好的環境磁場。不過這是單方面的。倘若另一人的喜用剛好也逢到和此人的日主相同，這就是雙方面相合的良好環境磁場了，自然是彼此相見歡的局面。否則也只會是對一人有利的狀況。

倘若喜用彼此不合用，或不合你用，則二人沒有交集點。倘若對方的日主不是你的喜用神、用神。而是忌神，則相互招災有難，我在《如何選取喜用神》一書中的序中談到高雄市議員林滴娟的例子，她本身的喜用神為火，而所交的男友卻是金水格局的人，是忌神當道，而遭拐騙殺害。就是一例。因此你最好選擇近身的朋友、親人，是環境磁場相合的人，就對你有利，是環境磁場不合的人，就保持距離或敬而遠之，生活自然太平無事了。

第八章　如何改善周遭環境來找貴人

從前面的章節中，你已可以用自己已經歷過的人生來印證此處所說的，屬於你的環境磁場現象是否吻合了。若有一些對自己的環境磁場不甚滿意的人，現在我們就開始討論要如何改善的問題吧！

改善周遭環境來找對自己好的貴人

倘若你對自己的環境有一些不滿足，要看是那一類的問題不滿意。就從那一類問題開始著手。例如對人關係不滿意的，交不到好朋友、知心朋友，朋友中都是奸詐、險惡之徒的，那你的周遭環境中定有擎羊、化忌之類的星曜。就要改變自己太多思、多慮、多計較的習慣，找一些人緣好的人學習，看他們是如何對待人的方式來學習待人處事的方法，把心放寬一點，多找性格溫和、不計較的人來往，試著慢慢建立友誼，時日長久，也自然可培養出好朋友的感情了。若是多災禍、傷災的人，也要找聰明、善於應變的人來學習處理災禍或躲避傷災、災禍的方法。隨時謹慎小心，也可把災禍和傷災減到最低程度或摒除。

任何改善周遭環境的事務，都要從本身做起。不論是想改善財運的環境磁場、改善合夥關係的環境磁場、或是改善和家人、配偶、戀愛及婚姻運、工作及事業上的環境磁場皆是如此。因為要改善自己的環境磁場是自己本身的問題，別人如何插得了手，幫得了忙呢？因此『一切在我』，『我』就是主宰改變環境磁場會不會改變成功的主要靈魂人物了。

改善財運，如何改變周遭環境

要改善財運，因為財運也和人有關。運氣都和人有關。財運尤其是別人給你機會，讓你賺錢，你才有機會賺到錢，有財運的。因此財運的關鍵在『人』，要找到給你賺錢的人，自然就會有『財運』了。縱然是偏財運，中樂透彩，也要在天時、地利、人和之下而後得，因此『人』的關係仍然很大。故而要得到財運，**尤其要找環境磁場對你好的人**，別人才會看你看得順眼，心甘情願的把錢給你賺，你就會得到財運了。

為增加財運而尋找環境磁場對你好的人

①找『命、財、官、夫、遷、福』中有和你同類似星曜的人。

例如你是太陰坐命的人，就找命宮或財帛宮、官祿宮、夫妻宮、遷移宮、福德宮有太陰、天機、天同、太陽、巨門、天梁等星的人。最好這些人是人緣好，命中帶財的人，則最佳。

②找命、遷二宮會相對照、及相互吸引的人。例如太陰坐命的人，就找太陽坐命的人。破軍坐命的人，就找天相坐命的人。天府坐命的人，就找七殺坐命者，相互觀念相同，**亦要找命中帶財，八字財多的人較佳。**

③找八字相合，是你的財星貴人的人。例如你是日主甲木的人，就要找日主是己土的人。日主是庚金的人，就要找日主是乙木

的人，日主是壬水的人，要找日主是丁火的人。就會找到財星貴人。但是日主乙木的人，找財星日主戊土的人，雖有財，但不相合，性格不合。前面日主是甲、丙、戊、庚、壬的人，是日主為陽干的人，比較強勢，相合的狀況是別人來與他合。而日主是乙、丁、己、辛、癸的人，為陰干，比較柔弱，相剋為財，但也剋得凶，因此雖會有財，但性格不一樣，較受欺負。

4 找錢多、運氣好的人追隨、依附、靠近他。周遭環境雖不一定相合，他也不一定幫你，但多少能沾點財運。或用精誠感動的方式，先幫對方賺到財，再賺自己的財。或是自己努力，以財富多的人為榜樣，多觀察學習賺錢方法，多學習營造財運的磁場，自然也可以改善自己的財運了。

例如：想中樂透彩券的人，就要勤快一點，多找尋有極大極強偏財運的人來交朋友，少和窮鬼在一起。常到開頭獎的投注站走動，沾沾旺氣。少和別人爭執、吵架。要和人圓融生活，營造出平和、運氣旺的磁場來。你仔細觀察一下，就會發覺會中大獎的投注站，常會接二連三的中大獎，某些投注站是連小獎也少中的。

你也會發覺：在接近運氣旺，財多的人之後，連氣都少生了許多呢！

5 找喜用神相合的人、事、物、地點。喜用神就是直接改變我們的環境磁場，增進我們的環境磁場中對我們有利的條件的關鍵元素。這是對我們的命運法則中極其重要的一環。不知運用喜用神的人，常沒有方向感。有的運勢強的人，會不期而遇的走向自己喜用神的方向。而運氣差的人，或頭腦不清楚的人常會背道而馳，更找不到自己的財方或吉方，而遭難或不順。因此想要改善財運的人，想要改善工作運、事業運的人，或要中彩券，要想有偏財運的人，尤其要重視喜用神的運用，才會有聚吉避凶，聚財納氣的力量。

喜用神從八字而來，是補足八字中缺少的五行元素。使元神本體增旺、增強盛的靈丹妙藥。例如八字中缺金的人，就會性格懦弱，打拚奮鬥的力量不強，人也會較懶散、懶惰，不積極。在補充金的條件之後，其人就能奮發，也能有一番成就了。怎麼補充金呢？可以從風水、方位、衣著、用品、工作、讀書、生活的方位，或身上所配戴的飾品來補足。**例如八字缺金的人**，睡覺時，床頭要朝向西方。頭朝西，腳朝東。書桌、辦公桌宜放在朝西的位置（臉朝西、背朝東）。要到城市或國家的西邊地區工作。在地球上的大環境中，到西方國家較順利。身上要穿白色、水色、藍色、黑色等衣物。白色最好。用品也以白色最佳。或配戴一些金飾用品。生活上的方位全要在西方、西區、西邊為佳，就可改善磁場，奮力成功，和得財了。

命中缺金，又喜歡買樂透彩的人，也要到西區、西邊，或西方（指西方國家）才容易中大獎。

※人生所有所需的求財、求吉的吉方位和吉顏色、取名字、找貴人、求學方向、吉祥物、風水吉地、住屋方向、方位、墓葬方位、運氣運行的吉運大運，流年干支，以及事業的行業類別，人生發展方向，也都是以其人的喜用神為唯一的依歸，合於喜用神方位、方向的，就是位於喜方和吉方、吉位。不合於喜用神方向、方位的就是凶方、凶位或死方、死位。因此喜用神對人生之重要，由如海上之燈塔，對人有指標性的作用。

（欲知自己喜用神的人，請看法雲居士所著《如何選取喜用

神》、《紫微賺錢術》、《投資、移民方位學》中都有述及各命格日主所代表的方向、方位。）

要找環境磁場對自己好的人，不論你是求財、求旺運、找工作、拼事業，你自己注意到了，用喜用神來佈置了屬於你自己的磁場，如找對了方向，穿對了、用對了顏色的衣物、用品……等等的條件，你還要注意在你周遭的環境中是否出現的人也是會做對或穿對合你喜用神要求的衣物顏色、方位，或名字才行。例如前述喜用神是屬金的人，你旁邊環境中出現的人，也會穿白色的衣服、用品，而名字中有五行屬金的字。或者所到的地方周圍裝璜、建築皆是白色系列的地方，公司或大廈的名稱也是以五行屬金的字來命名的，你就會知道是碰到了對自己有利、吉利的人，或地了。自然你在這裡談生意或進財都是較為吉利的，成功的機率偏高了。如果環境中出現五行屬『火』的裝潢、建築、穿著的人，就會對你不吉利。

6 利用流年、流月、流日來『看人』

。這就是用特殊的時間關鍵點來『看人』的意思。有時候，我們要和一個從未謀面的人，或不熟悉的人見面，很擔心雙方不相合，或談不攏，因此便要尋找一個好時間來見面。這時候我們就要運用自己的好時間來約見了。當你在找工作時，需要好運，需要賺錢，所以在流月、流日是貪狼居旺，或是財星天府、武曲、太陰居旺的日子，運氣特別好，容易成功。當你在相親、和第一次和異性要交往、見面的時候，最好要找流月、流日是太陽居旺、或太陰居旺的流月、流日，則會找到環境磁場對你好的人。在紫微的日子也是不錯的。但不能是紫破、紫殺，否則對方或你會是高姿態、不太隨和的樣子了。是紫貪的日子是表面會應付，也能碰到美麗的人，但是虛應故事，日後不一定有下文。

倘若是談生意，最好就是利用天府的流月、流日，或武曲居廟的流月、流日。用太陰居旺的日子會利益得到的太慢、或因自己心太軟而讓步，錢賺得不如想像的多了。用貪狼居旺的日子來談生意也是好的，有好運。但雙方的感情較冷淡，是表面應酬、為生意而相合的磁場。

倘若要找人幫忙，就要用天梁居旺的時間，和財星居旺的時間，以及有化祿和化權的時間，則會比較好。

想要找合夥、知交、配偶、情人等環境磁場相契合的人

要想在人緣關係上，尋找合夥人會環境磁場相契合的人，或是找朋友間環境磁場相契合的關係，或是找能結成婚姻配偶的關係，亦或是要成為環境相合的情人關係、環境相合的兄弟姐妹的關係、父母子女間親情關係來環境磁場相契合親密，或改善不好的關係，也可以用下列幾點來注意。

要尋找六親相合的人要注意的事

1 不論找合夥人，找配偶（合婚），找情人，最好把對方的八字和自己合一下，看看兩人的日主和日主是否相合。若是不十分合，但無相剋的狀況也沒關係，再看彼此的喜用神是否相合？如果

是相同的喜用宜忌最好。

另一種，就是對方的日主，正是你的喜用神所需之五行的。例如前面所說的，若你的喜用神需金，對方若正是日主為庚金或辛金的就是非常適合你了。但你的日主未必就會是對方的喜用神之需求。若以自私一點的觀點來看，還是以合於自己需要的喜用神五行的人對自己最有利的。

2 找命格體系相合的人。這樣才會在金錢、事務性上的價值觀相同。會在聰明、才智和行動力上快慢的韻律感相同。

3 找穿戴用品的顏色合於自己喜用神的顏色的人，也要找住屋環境合於自己喜用神方位的人。

想要改善周遭環境去契合別人的方法

1 最好先知道對方的喜用神宜忌，以對方喜用神所需之顏色來穿著見面。

2 多瞭解對方是屬於何種命格體系的人，倘若你和對方的命格體系相同，思想會較一致，在環境磁場相契合方面的努力會較快成功。倘若命格分屬不同體系的人，則要瞭解對方的喜好與心中最重視的事情，再引導對方到自己的財方、吉方來，也可達到短時間的周遭環境磁場相契合的狀況。（倘若是在對方的吉方、財方，你自己就不見得有好運了，完全會受控於對方的喜好了。）

李虛中命書詳析

法雲居士⊙著

《李虛中命書》又稱《鬼谷子遺文書》，在清《四庫全書・子部》有收錄，並做案語。此書是中國史上最早一本有系統的八字命理書，也成為後來『子平八字』術改變而成的發展基石。

此書中對干支的對應關係、對六十甲子的祿、貴、官、刑有非常詳細的討論，以及納音五行對本命生、旺、死、絕的影響，皆是命格主貴、主富的關鍵要點。子平術對其也諸多承襲其用法。

因此，欲窮通『八字』深奧義理者，必先熟讀此書中五行納音及干支間之理論觀念。因此這本『李虛中命書』也是習八字之敲門磚。

法雲居士將此書用白話文逐句詳解其意，並將附錄之四庫編纂者所加之案語一併解釋，卑能使讀者更加領會其中深奧之意。

簡易實用靈卦・易學

法雲居士⊙著

卜卦是一個概率問題，也十分科學的，當人在對某一件事情執著的時候，又想預知後果，因此就需要用卜卦來一探究竟。任何事務都無法脫離時間和空間而存在。紫微和八字的算運氣法則，是先有時間再算空間，看是在什麼樣的時間點走到什麼樣的空間去！卜卦多半是一時興起而卜卦的，因此大多數的時間和空間都是未知數，再加上物質運動的變化，隨機而動的卜卦才會更靈驗！

卜卦必須要懂得易經六十四卦的內容與代表意義。

法雲老師用簡單易懂的方法教你手卦、米卦、金錢卦、梅花易數的算法，讓你翻翻書就立刻知道想要知道的結果！

如何觀命、解命
如何審命、改命
如何轉命、立命

法雲居士⊙著

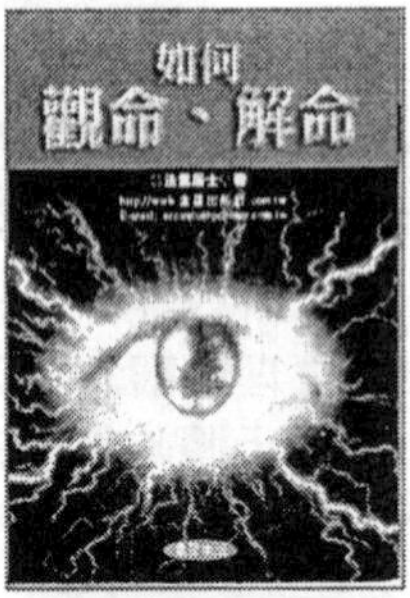

古時候的人用『批命』，是決斷、批判一個人一生的成就、功過和悔吝。

現代人用『觀命』、『解命』，是要從一個人的命理格局中找出可發揮的潛能，來幫助他走更長遠的路及更順利的路。

從觀命到解命的過程中需要運用很多的人生智慧，但是我們可以用不斷的學習，就能豁然開朗的瞭解命運。

一般人從觀命開始，把命看懂了之後，就想改命了。命要怎麼改？很多人的看法不一。改命最重要的，便是要知道命格中受刑傷的是哪個部份的命運？再針對刑剋的問題來改。

觀命、審命是人生瞭解命運的第一步。知命、改命、達命，才是人生最至妙的結果。

這是三冊一套的第三本書，由觀命、審命，繼而立命。由解命、改命，繼而轉運，這其間的過程像連環鎖鏈一般，是缺一個環節而不能連貫的。

常常我們會對人生懷疑，常想：要是那一年我做的決定不是那樣，人生是否會改觀了呢？您為什麼不會做別的決定呢？這當然有原因，而原因就在此書中！

桃花轉運術

法雲居士⊙著

桃花運是人際關係中的潤滑劑，在每個人身上多少都帶有一點。這是『正常的人緣桃花』。

但是，桃花運分為『吉善桃花』、『愛情色慾桃花』、『淫惡桃花』。亦有『桃花劫』、『桃花煞』、『桃花耗』等等。桃花劫煞會剋害人的性命，或妨礙人的前途、事業。因此，那些是好桃花、那些是壞桃花，要怎麼看？怎麼預防？或如何利用桃花運來轉運、增強自己的成功運、事業運、婚姻運？

法雲老師利用多年的紫微命理經驗來告訴你『桃花轉運術』的方法，讓你一讀就通，轉運成功。

紫微斗術全書（原文版）

法雲居士⊙著

這是一本學習『紫微斗數』原文版的工具書，也是學習『紫微斗數』的關鍵書，雖然此書是由古人彙集而成的，其中亦有許多誤謬之處，但此書仍不失為一本開拓現代紫微命理學問的一本好書。

現今由法雲居士重新整理、斷句、訂正部份錯字，將之重印、再出版，以提供給紫微命理的愛好者，多一份溫故知新的喜悅。

您可配合法雲居士所著『紫微斗數全書詳析』一套四冊書籍，可更深切地體會、明瞭紫微斗數的精華！

算命智慧王

法雲居士⊙著

《算命智慧王》一書的內容主要是將算命此行業的業務內容做一規範作用，好讓銷費者與卜命業者共同有一可遵循的模式，由此便能減少紛爭。世界上愛算命的人口多，但只喜歡聽對自己有利之事，也只喜歡聽論命者說自己是富貴命，常有命相師會投其所好而斷之，等到事情沒有應驗而又怨之。此書讓大家了解算命該怎麼算？去問問題該問些什麼？究竟命理師該告訴你些什麼呢？如果算命結果不如你願時還要不要再繼續找人算呢？有關算命的問題都在這本書中會找到答案。

暴發智慧王

法雲居士⊙著

大家都希望自己很聰明，大家也都希望自己有暴發運。實際上，有暴發運的人在暴發錢財的時間點上，也真正擁有了超高的智慧，是常人所不及的。

這本『暴發智慧王』，就是在分析暴發運創造了那些成功人士？暴發運如何創造財富？如何在關鍵點扭轉乾坤？

人可能光有暴發運而沒有智慧嗎？

如何才能做一個真正的『暴發智慧王』？

法雲老師用簡單明確、真實的案例詳細解釋給你聽！

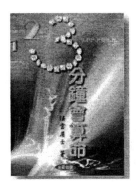

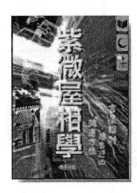